伊勢神宮内宮正殿（神宮司庁提供）

住吉大社絵図（千葉県　鴨川館　株式会社吉田屋提供）

対馬　和多都美神社

南房総、館山市香取付近の海岸

安房鰒取りの図（千葉県　鴨川館　株式会社吉田屋提供）

白幡天神社東参道（千葉県）

鈴木啓輔 著

自然と神 そして日本の心

まえがき

今日、我々生物を生み育んできた地球の自然環境は、いたるところで好ましくない方向に向かいつつある。

人類は、火を使うことを覚え、農業の技術を習得し食糧を増産し人口を増やしてきた。今、世界の人口は七〇億人を越え、もはや地球はそれらの人口を養いきれない程の増加をみるに至ったのである。そして多くの人々がエネルギー多消費型の文明をもつ先進国の人々の生活を希求するあまり、およそ四六億年もの年月を経てつくり上げられた大気、水、土壌などの環境を汚染し、温暖化などによる気候変動をも認められるような事態にいたっており、現在、世界中の英知を結集してこのような事態の改善に取り組んでいるところである。

一方、我々日本人の祖先達は、自然を人々に対立するものとはせず、身近に受け入れ融合し、感謝と畏敬の念をいだきつつ接してきた。

本書では、太古より自然と共生し、穏やかに生きてきた日本人の自然観を考察し、日本文化の深層において深く関わる神道を考え、その精神の崇高さを自然科学的な視点をも通して平易にそして広範に解説したものである。

日本人の心の拠りどころでもある神道の現代的視点から広く教養書として、また神道の分野の初学者の導入書として活用していただければ著者としてこの上ない幸せである。

最後に本書出版に当たり多くの論文、著書などを参考にさせていただき、ご教示を受けた、それらの著者、編者各位に心よりの敬意と謝意を表する次第である。

また、本書出版にあたっては、企画の段階から種々有益なご示唆とご指導ご助力をいただいた（株）雄山閣　羽佐田真一氏に心より篤く御礼申し上げ感謝の意を表したい。

平成二七年師走

鈴木啓輔

■自然と神そして日本人　目　次■

第一章　人類と環境

我々人類は生物の一種として、他の植物や動物と共に地球表面に生活している。我々の生活とその活動は、我々が生存する地球表面の環境条件に支配されている。人類が生活している太陽系の惑星の一つである地球は、今からおよそ四六億年前に誕生し、その質量は、五・八八×（一〇の二一乗）[5.88×（10^{21}）]トン、南北両極を結ぶ直径は一千二七一万三五一〇キロメートル、赤道直径は一千二七五万六二八〇キロメートル、表面積は五億一千万平方キロメートル、その平均密度は五五二五グラム／立方センチメートル、体積は一兆八三三億八八四万立方キロメートルと推測されている。

地球は、いわゆるビックバンを経て生まれた原始太陽の周りを、残されたコスミックダストやガスが運動し、集合して微惑星を多数形成し、これらが互いに衝突、合体し誕生したものと考えられている。その後コスミックダストは消滅した訳ではないので、現在でもなお隕石として地球上に降り注ぎ、そのため毎年約三万トンずつ地球の質量が増加しているものと考えられている。

微惑星の衝突、合体の過程で地球は溶融状態にあったとされている。この原始地球を溶融させた熱源は、微惑星どうしの衝突によって発生するエネルギーと、原始地球を構成する元素のうちの放射性元素の崩壊によって放出されるエネルギーである。地球はこの放射性元素の崩壊に伴いエネルギーを放出する過程で寿命がつきていくに従い次第に低温化し、表面が冷却されいわゆる地殻が形成されたと考えられている。その地殻に我々は住み生活をしているわけであるが、その地殻の厚さは僅か四〇キロメートルに過ぎないのである。地球の内部は、まだそれほど温度低下を来たしておらず、現在でも核心の部分は約三七〇〇度の熱によって溶融している状態である。

すなわち地球は、まだ変化の過程の状態と考えられ、地球内部の溶融したマグマから分離したガスや水が、現在の海や大気の組成を変化させることは十分考えられ、また太陽も変化の過程をたどることによって地球に起こる我々をとりまく環境変化は、今後もいろいろな形で起こってくるに違いない。

さて、地殻がこのように原始の状態から変化して今日の状態が形成されたように、原始の大気もまた現在の組成とはかなり異なったものであったとされている。この原始大気も長い年月に次第に組成を変化させ、今日に至る長い過程でいろいろな物質を生みだし、その中から有機化合物を発生させ、水素、酸素、窒素、硫黄などの元素が結びついた複雑な化合物をつくり、やがてタンパク質を生み、それが一種の触媒である酵素と組み合わさって生命をもつ物質、すなわち生物が誕生したのである。この生物の誕生は地球誕生から一〇億年ほど後のことと推測されている。

生命をもつ物質は、外界から取り入れた成分をからだの中で変化させ、からだと同じ成分をつくり上げ成長し、やがて分かれて増殖する。そのような形や機能を備えた物質を我々は、生物と呼ぶのであるが、その生物は地球の環境変化の影響を受けながら次第に進化し、数も増やして今日にいたったのである。生物の進化に影響を与えた環境条件としては、熱、大気や水の成分、太陽から来る紫外線、宇宙線、また、地殻の岩石中のウラン、トリウム、ラジウムなどからの放射線などで、これらの影響を受けて生物は、単純なものから複雑な構造と機能を備えたものまで著しく多様性に富んだものになった。

生命誕生と大気との関係は特に密接でかつ重要なものであった。マグマから原始大気中に放脱してきた揮発性物質の水蒸気が、地殻表面と大気の冷却とともに凝縮し、雨となって地表に降り注ぎ、一層地表を冷却させつつ海を誕生させた。海水は、原始大気の主成分とされる二酸化炭素を溶解し、炭酸塩たとえば海水中の Ca^{+} と反応し $CaCo_3$ として取り込み、大気中の二酸化炭素濃度を減少させていった。

このように海が形成されていったのであるが、海は生命の源と考えられている。海水の成分をみると微量元素を含めて地球生物の組成に類似しており、海底からの熱水が噴出しているところに生物の発生があったとの説もある。また現在のように大気中に存在する酸素も大量ではなく、オゾンの存在も考えられない環境にあっては、バクテリアのような単細胞生物でも太陽からの強い紫外線が照射されている地表では生存することはできない。そこで唯一考えられる生存場所は海底ということになる。それではどのような機構で原始大気中に酸素を発生させたかというと、まずは原始大気中の水蒸気が紫外線によって光分解させられたことによるものと考えられる。それとは別に初めに海中に藻類が出現し、これらの藻類の光合成によって酸素が発生し、徐々にその量を増してきたとも考えられる。しかしながら、初期には酸素の量も少な

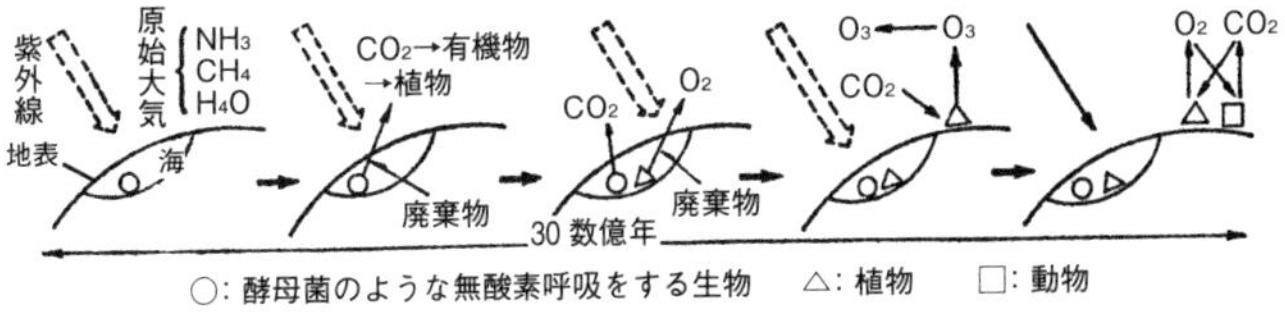

図 1-1　動物が地球上に発生するまでの過程

く、紫外線を防ぐほどのオゾンの生成は考えづらい。したがって藻類は海の深いところでの生息に限られていた。長い年月を経て発生する酸素の量も次第に増大し、それにともなってオゾンの量も増し、藻類も浅海での生息が可能となり光合成も活発となったため、大量の酸素を大気中に放出することとなった。同時に、大気中に酸素と紫外線の反応により生成するオゾンも増えてオゾン層が形成され、これにより地表に到達する紫外線量も大幅に減少し、今日のような状況が形成されたのである。その時期は今より約二億年前といわれており、いろいろな生物が海中生活から地表での生活に移行することが可能になった時期でもある。

　地上に這い上がった植物の活発な光合成により酸素は大気中に多量に供給され、ついには酸素呼吸をし頭脳をもって物事を考え、手足を使って物を加工生産することができる人類が誕生したのである。その誕生は今から四〇〇万～五〇〇〇万年前とされている。

　人類は、とびぬけて優れた頭脳をそなえていたため、その知力により

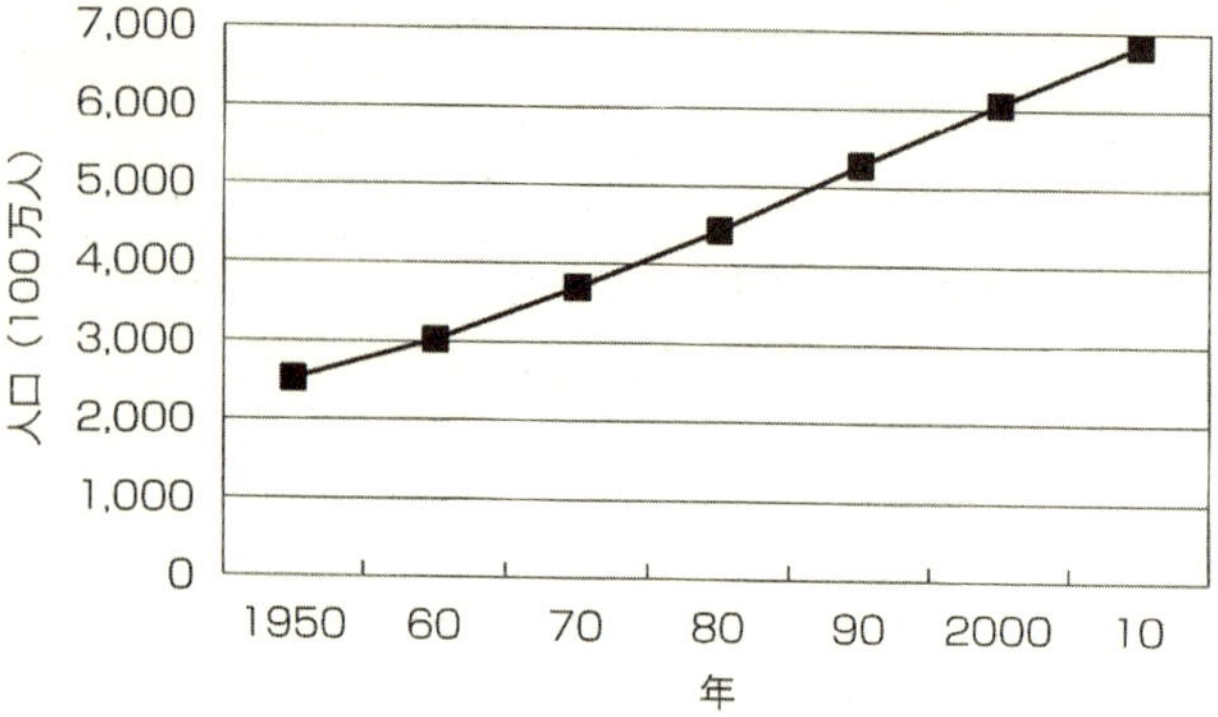

図 1-2　世界人口の推移

猛獣から命を守り、石斧・石槍・矢じりなどの道具を考え、それらの道具や武器により食料を豊富にし、さらに火を用いることを覚えたことにより、一層食料を豊富にし、土器の生産も覚え生活環境の向上が大きくはかられ人口を増加させていった。この火の利用は今よりおよそ五〇万年前のことといわれている。今、世界の人口は、七〇億人を超し、なおも増加の一途をたどっている。このような爆発的ともいえる人口増加が地球環境に急速な変化を与え、人類の生存に好ましくない環境をつくり出しつつあり、地球環境の悪化が大きく懸念されているところである。

第二章　環境破壊の歴史と自然環境の現況

二―一　環境破壊の歴史

今からおよそ四〇〇～五〇〇〇万年前に人類は誕生し、一万三〇〇〇〇年程前に我々の祖先によって農業が営まれた。この農業は、実は人類が関わった最初の大規模な自然の破壊をもたらしたのである。初め農業は、焼畑農業というういわゆる原始的な略奪農業の手段をとって行われた。焼畑農業というのは、森林を伐り倒し、それを焼いて耕作地をつくるもので、数年の間作物を育てると土壌中のリン、カリウム、窒素などの植物の成長に必要な栄養元素が作物に吸収されてしまい、耕作に適さない土壌に代わってしまう。そこでまた別の森林に火をつけて新しい耕作地をつくるといった繰り返しとなり、大規模な森林破壊に繋がったのである。人類最初の文明が発達した西南アジアの、現在荒地と化している地方に、数千年も前の耕地の跡が認められるのもこれらの影響に起因しているものとされている。また、一定の気象条件を持続させるのに役立っている森林を大規模に伐採破壊することは、気象にも影響を与え、その結果緯度の低い地方の平地の砂漠化を一層進行させたともいえる。このようにして現在農耕地にならない広大な荒れた草原や砂漠は、古い昔に農業がつくり出した自然環境の破壊の跡であるともいえるのである。

森林の伐採による自然破壊は、工業の発達によっても起きている。その最初のものは、木材を燃料として用いたことであった。人類の文明生活は煮炊きや暖房の燃料として木材を使用することに始まり、また、住宅や舟をつくる材料としても木材を用いてきたことから始まった。その木材は森林の伐採によって賄われ、それは農業に劣らない自然環境の破壊であったとされている。しかしそれ以上の大きな環境破壊は、製鉄、冶金など金属を精錬する際に還元剤ならびに燃料として木炭を大量に使用したことから始まった。特に一七世紀に入り製鉄用の木炭製造のため森林は次々と伐採され、自然環境に大きな影響を与えたのである。これがイギリス、ドイツなどのヨーロッパの先進工業国のハゲ山を生んだ原因とされている。

同じようなことは、日本においても古い時代から起こっている。出雲地方の製鉄、所謂「たたら製鉄」がそれである。磁鉄鉱の砂鉄精錬を行うために砂鉄と木炭とを混ぜ、炉の中で焼き、酸化鉄を還元して鉄を得るというものである。

これには大量の木炭を必要とするので、木炭の供給可能な場所に製鉄の窯をつくり、近辺の森林を使い尽くすと、また新たな森林資源を求めて次から次へと窯を移動したのであった。その結果、あとに荒地が残ったであろうが、たまたま日本は雨に恵まれ気候温暖であるため森林の回復が早く、そのためヨーロッパや西南アジアにみられるような森林破壊の後に荒地や砂漠に類するものがあまりみられないのであろう。

このように近代技術が発達し文明が進んで、鉄や他の金属の需要がますます増大してくると、鉱石を還元して金属を得るための木材の需要も同様に増大した。一八世紀のヨーロッパの先進国では、増え続ける燃料としての木材に替え、中国で三〇〇〇年前に、ギリシャで二〇〇〇年前に使用されたことのある石炭へとその主体を移行していったのである。この石炭と近代技術が結びついたヨーロッパにおける、いわゆる〝産業革命〟は、今日、石炭革命、燃料革命とも呼ばれている。一九二〇年代には、世界で用いる全エネルギー量の約八〇％が石炭によって供給されるまでになった。この燃料の石炭化の動きは、燃料用の木材の使用量を大きく減少させ、森林の大規模な伐採による破壊が防止されたのである。

また、森林伐採による森林破壊とは別に鉱山にともなう森林破壊も発生した。例えば銅山における精錬過程で、黄銅鉱などを焼鉱する際に発生する二酸化硫黄の害によって、銅山周辺の森林を枯らすような被害が発生したのである。我国の例を挙げるなら明治以後急速に工業の近代化が推し進められ、各鉱山はこれまでの小規模生産から大規模な生産を行うようなり、それにともない二酸化硫黄を含む煙を大量に発生させるようになった。我国は、かつて世界有数の銅の産地であり、足尾、日立、尾去沢など大規模な銅山があり、その周辺の森林に二酸化硫黄を含んだ煙が降り注ぎ、山林を枯死させる被害を及ぼしたのである。このような環境破壊の例は、アメリカのテネシー州の銅山でもみられた。付近一帯の植物は枯れはて、広大な面積が砂漠と化し、植樹も不可能なほどの大きな破壊を引き起こしたのである。

鉱山にともなう環境破壊としては、煙害のみでなく鉱山から排出される鉱山廃水による農業や漁業への影響、すなわち〝鉱毒〟とよばれるものもあった。やはり足尾銅山からの鉱山廃水が渡良瀬川に流れ込み、漁業やその水を用水として用いた付近の水田に大きな被害を与えたというものである。

工業に起因する環境破壊のうち金属の精錬を別にすると、紙、パルプ工業が挙げられる。紙は初め中国でつくられたとされるが、九世紀にはヨーロッパでも製造された。当時の紙の主繊維源は布であったが、一八世紀になり紙の需要が増大すると木材をパルプ化する技術が進歩し、今日では製紙用の繊維として木材の占める割合は九〇%を超える程になった。この紙、パルプ工業では、木材中に五〇~五五%含まれるセルロースだけを取り出しパルプとして用いるのであるが、木材のもう一つの成分であるリグニンは不用物として廃棄される。この過程で固形物を含んだ亜硫酸廃液がパルプの生産量と同じくらいの量で生成され、それらが河川や海洋の汚染を引き起こしたのである。現在ではこの亜硫酸パルプ法と呼ばれるパルプ製造法に代わりクラフトパルプ法と呼ばれる製造法が主製造法となった。この方法も、リグニンを取り除く過程でメルカプタンやスルフィド類が生成され悪臭を生むことで問題となった。

第二次世界大戦後、エネルギー源を始め化学工業の原料が石炭から石油へと急速に転換されるようになった。安価な石油からつくられる化学製品は、急速にその量を増し、新しい製品が生まれ、化学工業は大きな成長をとげることになったのである。その一方で石油化学工業が新しい環境破壊を生みだすことになった。化学工業の立地条件は従来と著しく姿を変えるようになった。港に設けられた大きな石油精製プラントの周囲に各種の化学工場が集まり、その製油所でつくられる諸製品を、直接工場にパイプラインで送りこみ、それを原料として安価にかつ効率的に製品を製造しようとするシステムである。すなわち石油化学コンビナートである。このコンビナートから大気中に有害ガスや悪臭ガスが放出され、あるいは有害成分を含んだ排水が海洋に排出される等、新しい形の公害を生みだすことになった。石油は水に不溶な物質とされているが、実は水に対してある程度の溶解度をもっている。その値は四ppm程度である。石油を含んだ排水は直接海洋に流すのではなく、先ず貯槽に入れ油と水を分離して水だけを海に放出するのであるが、その程度の溶解度をもっているので、コンビナート周辺の海水中の石油の濃度は、およそ〇・一ppmに拡散されると考えられる。この程度の石油が海水に溶けていたとしても魚介類の生息に悪影響を与えるまでには至らないが、魚介類に石油臭が付着し、食品と

して の価値を失わせてしまい、沿岸漁業に大きな打撃を与えた。
石油化学の発達は、種々の高分子化合物すなわち品質の優れたプラスチック製品や合成繊維等を生みだすことになり、我々の生活も明るく文化的になったことも事実であるが、これらの製品が機械的強度が強く化学的に安定であるため、一度廃棄されると環境中でなかなか分解されずいつまでも残存し、プラスチック公害といわれる現象を呈したのである。その他合成洗剤やある種の農薬の大量使用等、自然環境は人類の営みによって大きく破壊された歴史をもっているのである。

二－二　大気環境の現況

地球の大気の組成は、窒素七八・一〇％、酸素二〇・九三％、アルゴン〇・九四％、二酸化炭素〇・〇三％が主な成分で、そのほか微量成分からなっている。この大気中において我々の生命が維持されている。

しかし今日、地球温暖化や酸性雨といった大気の汚染に関わる環境破壊が地球規模で生起し、

成　分	濃度(%)
窒　　　素 酸　　　素 アルゴン 二酸化炭素	78.10 20.93 0.94 0.03
ヘリウム、アンモニア、オゾン、水素、酸化窒素、ネオン、一酸化炭素、クリプトン、メタン、キセノン	微量

表 2-1　空気の組成

人類の生存にも大きな影響をもたらすのではないかと懸念されるまでに至っている。

大気の汚染は、火山の活動、森林火災、黄砂等いわゆる自然現象に起因するものと、人間の活動に起因するものとがある。

大気中には局所的に二酸化炭素、二酸化硫黄、粉じん、その他の汚染物質の濃度が高くなっているところがある。たとえば火山の活動によって二酸化硫黄、二酸化炭素、火山灰に由来する微細な粉じん、メタンガス等が相当量排出されるし、山火事によってもそれらの汚染物質が排出される。天然ガスの噴出によるメタンや油田地方で発生する石油の成分がかなりの量で大気中に拡散されるはずである。また、海岸地帯では、波しぶきが風によって陸地のかなり奥まで入り込み、塩分によって金属を腐食させたり農作物に被害を与えたりもす

図 2-1　噴煙をあげる桜島

る。これらも自然現象による大気汚染の一種ということができる。強い季節風が砂漠の砂をまきあげ、遠い地方まで運んでいく現象もある。春の季節風に乗り中国大陸から〝黄砂〟が日本列島に到達し、太陽をくもらせ、いろいろと生活に不都合をもたらす現象もそれである。

これらの自然界で起こる大気汚染は、我々の手で防止することは不可能であるし、自然界に起こる汚染は、雨や風その他の気象条件によって処理され、自然界のバランスが保たれ、比較的大きな問題はないものと考えられる。

そこで問題となる人為的な大気汚染について考えてみることにする。大気汚染は大変古くからあり、焼畑農業を行っていく過程においてすでに汚染が生じていたといっても過言ではない。また、石炭を工業や煮炊きに

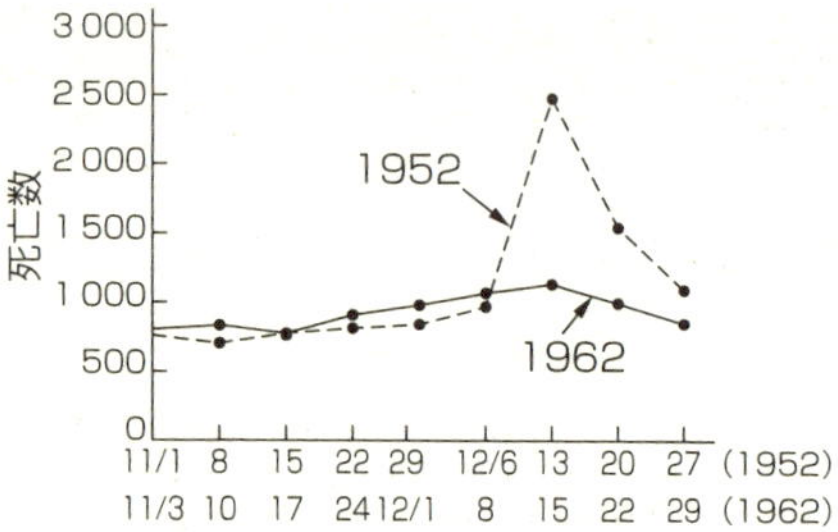

図 2-2　スモッグによる全疾病死亡数

使用するようになってからは、その煙による大気の汚染が問題になったであろうことは当然考えられることである。一二七三年英国においてエドワード一世が健康に有害であるとして、家庭での〝煮炊き〟に石炭を使用することを禁じたとする史料が残されている。ヨーロッパの先進国は、産業革命以来、石炭を燃料として工業を支えてきた。それだけでなく煮炊きや暖房にも使用していたため、ロンドンでは煙害に悩まされ、特に冬期には、石炭の不完全燃焼によって発生する煤煙が水蒸気の凝結核となって、五里霧中といわれるような非常に濃い霧が発生するようになった。この霧の中には、石炭中に含まれる硫黄の燃焼により発生する二酸化硫黄が大量に含まれ、一九五二年一二月には、およそ四〇〇〇人もの市民が呼吸器を侵され死亡するといった悲惨な結果を引き起こしたのであった。このときの大気中の二酸化硫黄濃度は一・三ppm、塵埃量が四ミリグラム／立方メートル、二酸化炭素濃度は〇・四％にも達していたとされている。このような冬の寒い時期に石炭や他の燃料の燃焼によって生じる煤煙が水蒸気の凝結核となって発生する霧を〝ロンドン型スモッグ〟と呼ぶようになった。この霧の発生は、ロンドンに限ったことではなく、第二次世界大戦終戦直後の我国でも、復興に石炭を大量に用いたためこのスモッグが発生していたのである。

ロンドン型スモッグとは別に、夏の暑い時期に自動車や航空機の排気ガス中の物質が原因となって発生するスモッグがロサンゼルスにおいて発生した。〝ロサンゼルス型スモッグ〟と呼ばれ、日本では〝光化学スモッグ〟とよばれている。この発生はエネルギー源の主体が石炭から石油に代わった一九六〇年代頃からと考えられる。石油の燃焼によって発生する未燃焼の炭化水素と、同じく石油の燃焼によって生成される酸化窒素類とが結びつき、それらが夏の太陽光線中の紫外線の光化学作用を受けて水蒸気の凝結核になる物質をつくり出し、霧あるいはモヤを発生させ、その中に眼や皮膚を刺激し、農作物にも被害を及ぼすオキシダントという成分が含まれるという特徴からそのような命名がされたものである。気象条件が発生に大きく関与するため、世界中どこでも発生するというものではなく、東京や大阪といった中緯度地方で工業の盛んなところに発生するスモッグである。今日でも我国では毎年のようにこのスモッグの発生をみている。

現在特に先進国の人々は、高度な文明生活を営んでおり、自然を破壊し都市は巨大化し、自動車、航空機、電車などを利用し移動を簡単にしている。さらに工場では人々の要求に応えるため沢山の種類の製品を生産し、家庭では種々の電気製品を使用して快適で豊かな生活を謳歌している。昨今では先進国のみでなく、一部の発展途上国とされる国々でも同様な生活を営む人々が爆発的に増加してきている。しかしこういった人類史上過去に例をみないような生活を営むためには、莫大な量のエネルギーの消費がなくてはならない。現在、世界で消費されるエネルギー量は、石油換算で一年で約一〇〇億トンと発表されている。そのうち九九億トンを石油、石炭、天然ガスの化石燃料に依存しているわけである。

この莫大な量の化石燃料を燃焼させることによってエネルギーを得るのであるから、その燃焼過程において生成される二酸化炭素や一酸化炭素の量も大量になり、環境に及ぼす影響も非常に大きなものになるわけである。ハワイのマウナロア観測所において観測された二酸化炭素濃度は、一九五八年から二〇〇五年までの間に、およそ八〇ppmもの増加を示している。もともと地球の大気に含まれる二酸化炭素濃度は三〇〇ppmであったが、この一九四五年からの七〇年間で三九〇 ppm にも増加したわけである。この増加の原因は、人口増加に伴う産業の近代化および発展に関わる燃料の燃焼の巨大化に主に起因するものである。ほんのわずかな大気中における二酸化炭素の増加は感覚的には無視できる程のものとも考えられるが、二酸化炭素の増加は、ちょうど我々が温室に使用しているガラスのような働きをし、太陽から地表に到達した熱を宇宙に放出させず、温室効果という現象を起こし、地球の平均気温を押し上げることになり地球温暖化が大きく懸念されているのである。

地球温暖化については、IPCC（気候変動に関する政府間パネル）は、過去一〇〇年（一九〇六～二〇〇五）間で地球の平均気温が〇・七四度上昇したと発表している。さらに二酸化炭素をはじめとするメタンやフロン類等の温室効果ガスをこれまで同様に大気中に放出し続けるならば　二一〇〇年までに、二酸化炭素濃度については五四〇～九七〇 ppm に上昇し、地球の平均気温は、一・五～五・八度も上昇してしまうと予測している。

現在温暖化の影響をみると、夏期における北極海の氷の面積が、観測の始まった一九七八年以来最少を示したり、ヒマラヤの氷河が大きく後退し、溶けた水によって〝氷河湖〟と呼ばれ

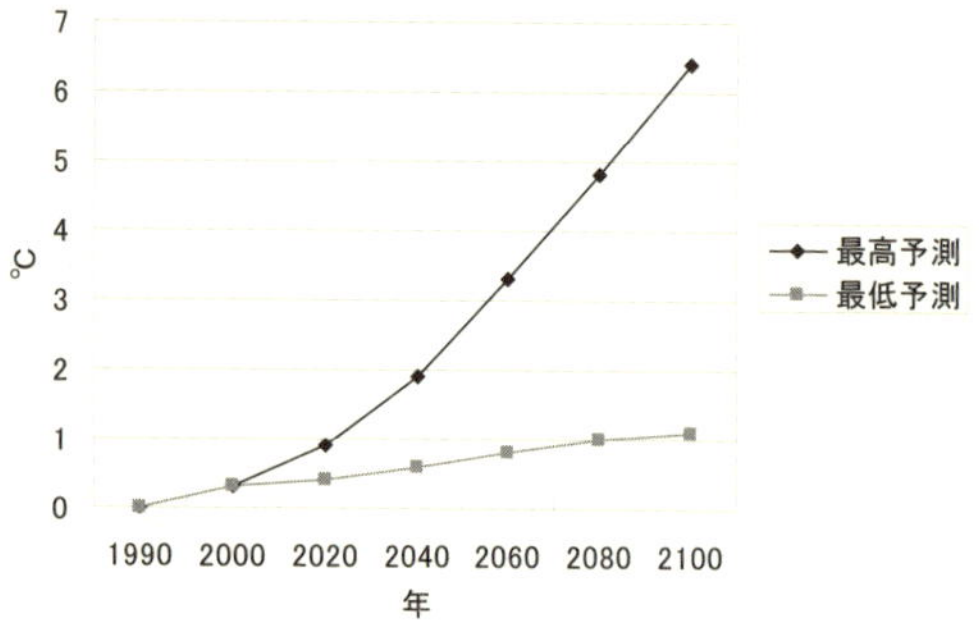

図 2-3　1990 年を基準とした場合の気温上昇予測（Ipcc 第 4 次評価報告書より）

る湖がネパールだけでおよそ二〇〇〇箇所も形成されたと報告されている。また海面水位の上昇も懸念されており、南太平洋の島国には、すでに海面上昇が認められ、住民の移住もはじまっている。

さらに世界各地で異常気象が報じられるようになった。二〇〇三年の夏には、北海道より緯度の高いパリで連日四〇度を超える熱波で、一万二〇〇〇人もの熱中症による死亡者をだし、二〇〇六年七月には、我国で九州から山陰地方、北陸地方、長野県などで記録的な集中豪雨にみまわれ、長野県松本市や佐久市では四日間で七月の平均降雨量の二倍もの大雨が降り、土砂災害や尊い人命がそこなわれた。このような気候の変動は地球の平均気温の上昇と海水温度の上昇に起因するものとされている。

地球の環境破壊が人類の生存に脅威になるとの懸念から、一九七二年にストックホルムにおいて国連人間環境会議が開かれ、以来国際的な取り組みがなされてきた。温暖化に関する初めての会議は、一九八五年オーストリアのフィラハで開かれたものであった。その後一九九二年リオデジャネイロで国連環境開発会議（地球サミット）が、「環境と開発に関する国連会議（UNCED）」として、国連加盟一八三の国、地域、機関と一〇三カ国の首脳の参加のもとに開催された。

この会議において、地球温暖化防止を目標とした「気象変動枠組条約」が採択され、一九九四年には、我国を含めた一八一カ国が加わってこの条約が発効したのであった。しかしその後も二酸化炭素削減の効果はなく、年々大気中の二酸化炭素濃度が増大している現状である。

我国の温室効果ガス排出源で最も大きなものは、エネルギーを得るための化石燃料の燃焼にあり、この過程における二酸化炭素発生量は、全温室効果ガス排出のおよそ九〇％を占めている。生活の質を維持しつつ温室効果ガスの排出量を低減させるために我々に科せられた方策は、より一層の省エネルギー対策が必要となるということである。

その他フロンガスによるオゾン層の破壊も懸念されている。オゾン層は一九八〇年代に地球規模で減少の傾向が認められ、南極上空のオゾンホール面積も一九九〇年以後も横ばいか若干の増加傾向で推移している。この地球生物の生存に欠かせないオゾンは、太陽からの強い紫外線を吸収する働きを有しており、有害な強い紫外線がそのまま地上に到達するのを防いでいる。地球上の生物が海中から陸上に這い上がり生活するようになったのは、今からおよそ四億年前といわれている。ちょうど成層圏にオゾン層が形成されてからのことである。

このオゾン層を破壊する物質が、塩素を含むフロンガスであることが解明されたのは一九七四年になってのことであった。フロンは、化学的に安定で冷蔵庫の冷媒、スプレーの噴霧剤、精密機械部品の洗浄剤、ウレタンフォームなどの発泡剤等広い用途をもち便利に利用されたのである。オゾン層の急激な減少に接し、一九八五年にオゾン層保護のためのウィーン条約が、一九八七年には、モントリオール議定書が採択され、我国においても一九八八年にこの条約および議定書を締結し、オゾン層保護法を制定した。フロン類のうちオゾン層破壊物質として問題視されている物質は全て生産、消費とも廃止されたが、以前に生産、消費されたもの

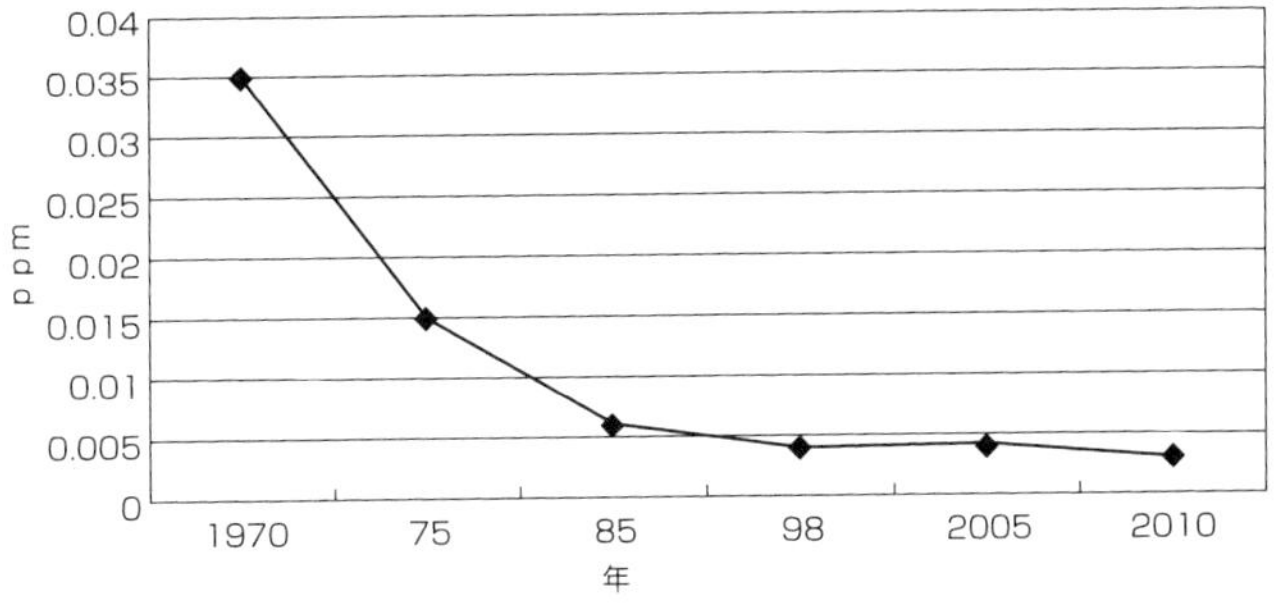

図 2-4　我国の二酸化硫黄濃度の経年変化

が電化製品などに残存しており、これらの回収や無害化を計ることによってはじめて徹底的なオゾン層の保護に至るわけである。

また、古くから大気汚染物質として知られている二酸化硫黄については、経済の高度成長に伴って石油が燃料や、石油化学原料に大量に消費されるようになった。石油中には、一〜五％の硫黄が含まれており、脱硫黄処理をせずに燃焼すると二酸化硫黄を大量に発生することになる。

二酸化硫黄は、植物に悪影響を与えるのみでなく、人体についても気管支など呼吸器に疾患のある患者の症状を悪化させたり、喘息を引き起こす等深刻な健康障害をもたらす危険な物質である。環境面では、世界的に問題になっている〝酸性雨〟の原因物質でもある。大気中で雨水に溶けて酸性の強

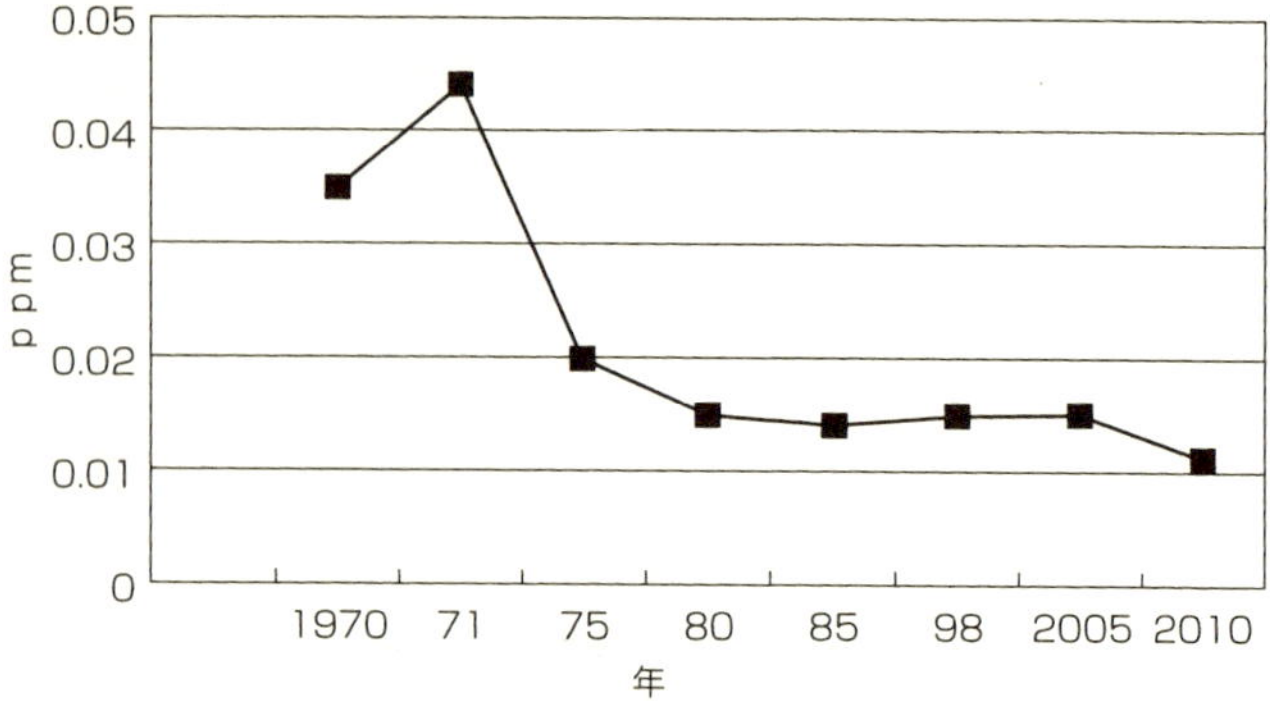

図 2-5　我国の二酸化窒素濃度の経年変化

い硫酸をつくりだし、土壌を酸性にして森林に被害をもたらし、湖沼の酸性化をうながし、そこに生息する魚類などにとって生存に相応しくない環境を生みだすことにもなる。また、大理石や石灰石造りの文化的建造物や彫像を溶かし損傷させたりする悪影響を及ぼすものでもある。同様に酸化窒素類の二酸化窒素も光化学スモッグの原因物質であるが、酸性雨の原因物質としても大いに問題視されているところである。我国においては、二酸化硫黄については、発生防止に関する技術が進歩し、上空における二酸化硫黄濃度は、最悪時のおよそ七分の一程に大幅に低下しているが、二酸化窒素については一九七五年以降その数値にほとんど改善が認められていない。

　このように大気環境は、人類の行為によって大きく痛めつけられ破壊されている現状にあるのである。

二―三　水環境の現況

水の世界における環境破壊も今日著しいものになっている。地球は、その表面の七〇％が水で覆われた、太陽系の中で唯一大量の水をもつ惑星で、〝水の惑星〟、〝青い惑星〟と呼ばれている。水は、我々のそして地球上の生物に必須の物質で、水の存在なくしてその生命を保つことはできない。水は、海水としての存在が最も多く、全水量の九七・五％を占めている。海水以外では、大気中の水蒸気、陸水といわれる南北両極の雪氷、河川水、湖沼水、土壌水、地下水などの総計で全水量の二・五％となっている。我々が日常的に利用できる水は、河川水、湖沼水の一部、浅層部の地下水などで、総水量の〇・〇四％ほどとされている。この利用可能な真水は、海水をはじめとする水の蒸発による水蒸気からの雨水であって、その量が極めて少量であることがわかる。

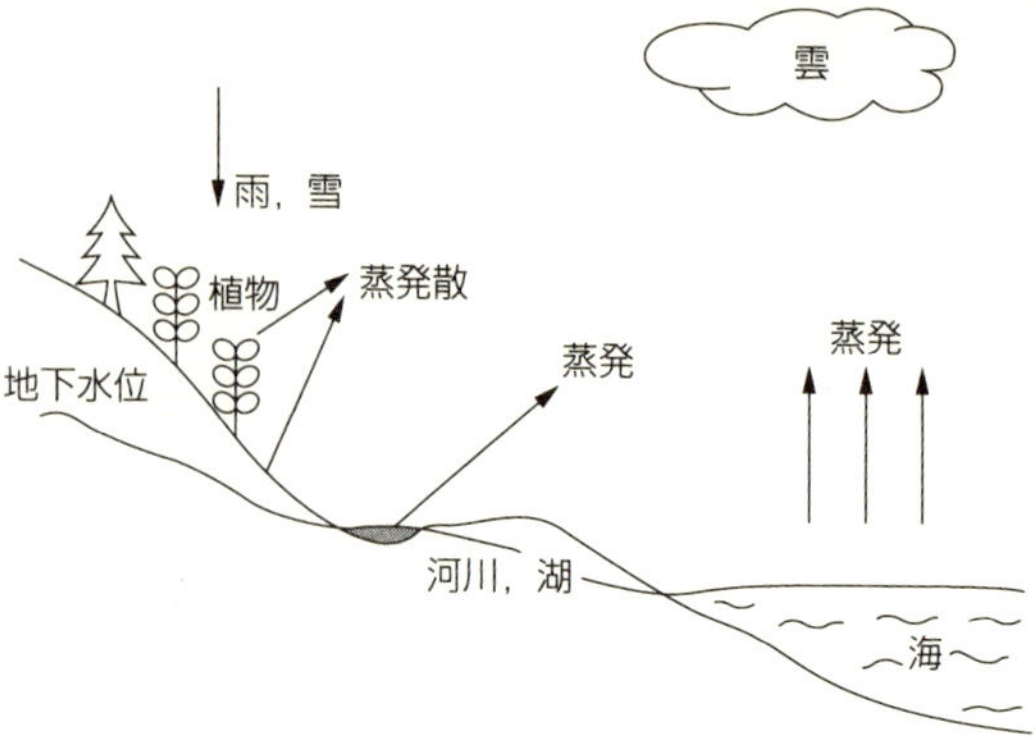

図 2-6　水の循環の概略図

水の消費量は、文明の質が高くなるほど増大するわけで、我国やアメリカなど先進国では、国民一人当たり一日に七トンの水を使用しているのに対し、産業化していない地域の人々の使用量は、約四〇リットルとする資料がある。

工業製品を製造するには大量の水を必要とし、それら工業製品にかこまれて日々快適な生活を営んでいる我々先進国の人々は、それに使われた水の量を考慮しなくてはならず一日一人何トンもの水を使用した計算になるわけである。

我国の年間水使用量は、およそ九〇〇億トンで、その内訳は、農業用水が六六%、工業用水が一五%、生活用水は一八%となっている。工業用水は水の再利用技術が進み年々減少傾向にあるが、生活用水はますます増加の傾向を示している。

世界全体にみても農業にあてられる水の量は膨大なもので、灌漑農業による食糧収穫量は、全収穫量の四〇％にも達しているのである。増加した人口の食糧をまかなうために灌漑用地を増やし、今日、その面積は、二〇世紀半ばの三倍にもおよんでいる。

その結果人類は穀物収穫量を増やすことに成功したが、灌漑用水の使用量も当然いちじるしく増加し、河川の干上がり現象や地下水位の低下をもたらすようになった。インドでは、地下に自然に補給される水量の二倍もの水を灌漑用井戸からくみ上げ、地下水位が毎年一～三メートルも低下したとする報告もなされた。また水源から海に流れ下る河川も拡大された灌漑農地に大量の水が利用されるため、その水量が大きく減少し、海にまで到達する以前に干上がってしまう期間が増加したとの報告もある。

	水量（×10³km³）	比率（％）
海　水	1,349,929	97.5
雪　水	24,230	1.75
地下水	10,100	0.73
土壌水	25	0.0018
湖沼水	219	0.016
河川水	1.2	0.0001
水蒸気	13	0.001
総　計	1,384,517	100

表 2-2　地球の水の分布と量

農業用水、工業用水、生活用水は利用の後は、それぞれ排水となって河川や海洋に排出される。自然界においては、本来大量の水や水中生物によって、それらの排水の質を元の水質に浄化する能力や機能を有しているが、自浄能力を上まわるほど汚染された排水が流入すると水質は急速に悪化し、人体に障害を及ぼしたり工業の過程を損なわせたりすることになる。人類は今、過去に経験したことのないような文明の進歩の裏で、水の不足や汚染が急速に進行し、深刻な問題に直面しつつあるのである。

水の汚染の汚染源は自然界からのものを除くと、農業や工業、日々の生活といった人々の営みにより発生するものである。自然界における水も、雨水であれ陸水であれ完全に化学的に純粋な水というわけではない。海や陸地から太陽のエネルギーによって蒸発させられた水が水蒸気となり、上空で冷却液化した雨水は、空気中に浮遊する粉じんや二酸化炭素などと反応した成分を溶かしこんだいわゆる水溶液ということができる。海岸地帯では、空中に吹き上げられた海水の塩分が雨水に溶け、塩素イオンを多く含んだ雨となり、河川や湖沼などの陸水も土壌中のいろいろな鉱物成分を含んだ水となる。我国の河川を考えた場合、年間の降水量も多く、水源から海までの距離が短く、急こう配の河川が多いため、山岳地帯に降った雨水は、数日の

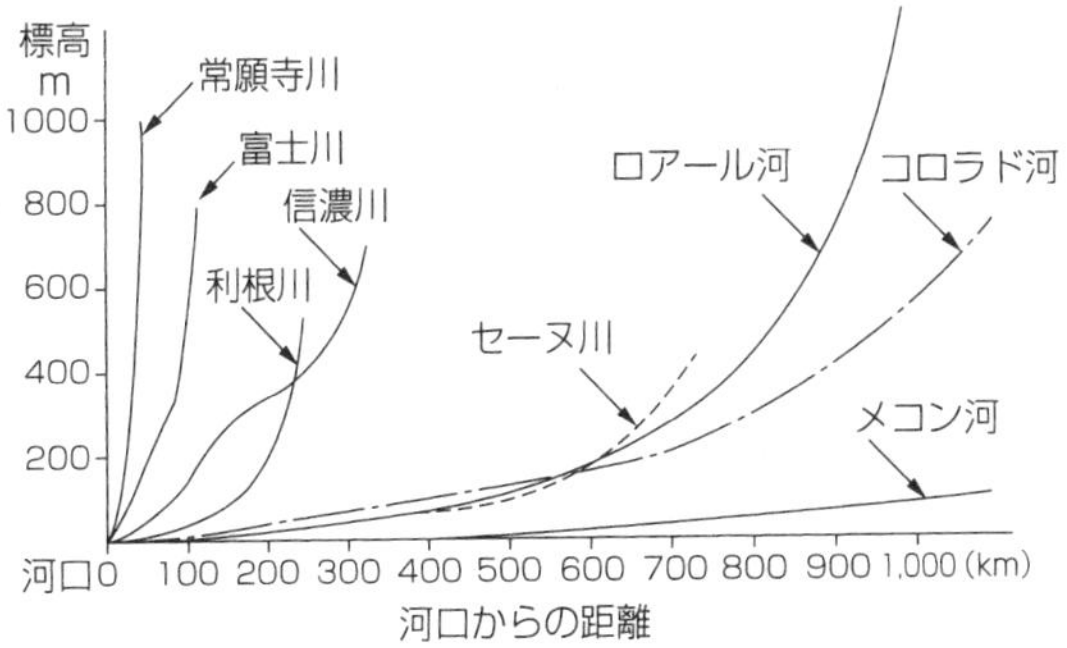

図 2-7　世界と日本の河川の縦断勾配の比較

うちに海に流れ出してしまうので、周辺の土壌中の鉱物成分を溶かし込むことが比較的少ない状況にある。そのため河川水は特別な状況を有する河川を除けば、ほとんどが〝軟水〟である。それに比べアジアやヨーロッパなどの大陸を流れる大河川は、水源から海までの距離が一〇〇〇キロメートル以上のものもあり、それだけ水が川の中に滞留する時間が長くなり、岩石成分である炭酸カルシウム、硫酸カルシウム、鉄の塩類などを溶かし込んだいわゆる〝硬水〟となることが多い。

メコン川の場合、水源の標高が五〇〜八〇メートルほどしかなく、その勾配で海まで流れ出ていくので、流速も極めて遅く、雨水の川の中に滞留する時間は、極めて長期間になることが図２－７よりわかる。

これとは別に特殊な例ではあるが、温泉が湧き出しているところを流れる河川では、温泉が河川に流入し温泉成分である重金属類を含む水質を呈することになる。秋田県の田沢湖近くの玉川温泉は、かなり濃度の高い塩酸を含んでおり、かつて玉川の水を農業用水に用いたことより、流域のおよそ五〇〇〇万平方メートルの農耕地を長い間不毛の地にしていた。その後昭和一二年、県により迂回水路がつくられ耕作可能となった事実もある。これらの水質汚濁の例は、いずれも自然界からの汚染で、自然現象を起源とする水質汚濁である。

水質汚濁というのは、水の性質が化学的、物理的、生物的に公共用水として好ましくない方向へ変化することを意味するものであるが、温泉や鉱山などの自然界からの重金属塩類による汚濁は別として、工業の発達はその排水によって著しく河川や海洋の水質汚濁をもたらしたのである。また、工業廃水による直接的汚濁ばかりでなく工業製品が消費され廃棄されることにより、二次的な水質汚濁をもたらす場合もある。

第二次世界大戦後、我国では社会の復興と経済成長を目標に、生産性を最優先して環境破壊をかえりみる余裕はなかった。その様な中で富山県の神通川上流における亜鉛の鉱石の採掘、精錬の過程で鉱石中に存在するカドミウムが排水と共に神通川に流され、この水を農業用

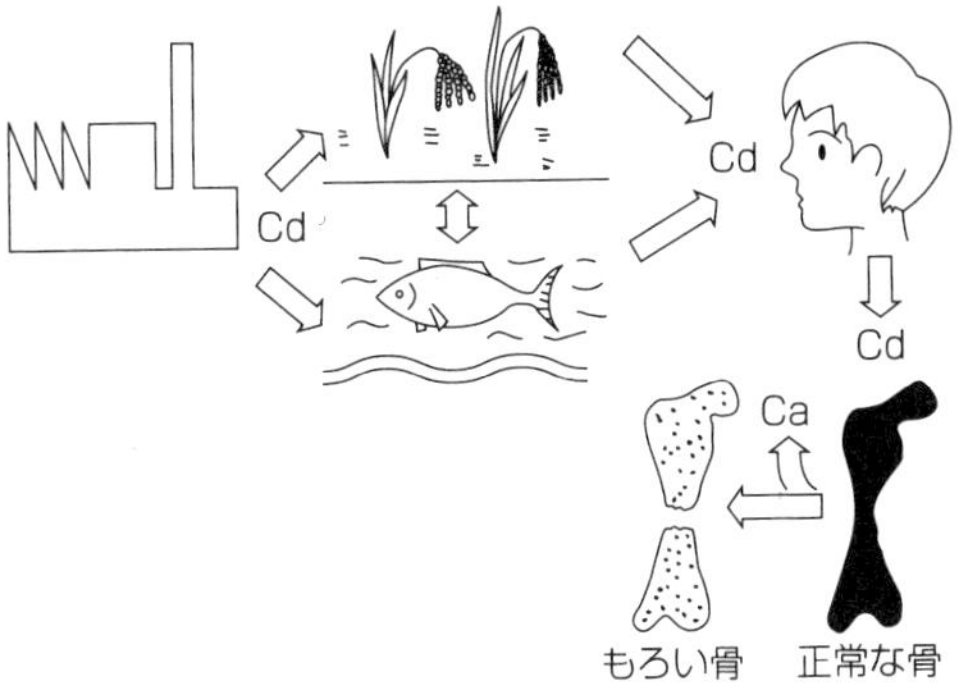

図 2-8　カドミウムの環境中の移動

水として用いた水田の土壌にカドミウムが蓄積し、米に移行し、この米を常食にしていた人々に腎臓機能障害､歩行障害､骨軟化症などを起こし〝イタイイタイ病〟と名付けられた激痛を伴う健康被害を引き起こした。

熊本県水俣市では、住民に手足や口の痺れ、言語障害、知覚障害など重い症状を伴う患者が発生し、一九五六年に〝水俣病〟として公式に確認された。これはアセチレンからプラスチックの可塑剤の原料であるアセトアルデヒドを製造する工程で、触媒として用いられた硫酸水銀が関与し、その一部がメチル水銀を生成させ、排水に混じって水俣湾に流出したことが原因となったものである。同様な事例が新潟県の阿賀野川流域にも発生し、それもやはりアセチレンからアセトアルデヒドを製造する過程からである。

メチル水銀を含んだ排水が水俣湾に流出すると、その水を餌とともに飲み込むプランクトンが体内に取り込み蓄積し、さらにそのプランクトンを餌とする魚介類の体内に濃縮され、それらの魚介類を大量に摂取した人間の脳に水銀が蓄積された結果、脳の中枢神経が侵されるというものである。食物連鎖を通じて生物濃縮された結果、人体に大きな障害をもたらしたもので、前述のイタイイタイ病の場合もこのような過程を経て発病したのである。水俣病は工業排水に伴うあまりにも顕著で悲惨な環境破壊であり、〝ミナマタディジーズ〟と名付けられ、世界的にこの病名が使用されるようになったほどである。アセトアルデヒドの製造はその後、水銀触媒を使用しないエチレンからの製造法に変えられるようになった。

海洋は地球表面積の三分の二を占めて、我々に食料を供給し、生存に不可欠な淡水を与え、また、古くから海上交通路として利用されている重要な存在である。第二次世界大戦後、世界の工業発展により、石油の大量消費時代が到来した。これに伴いタンカーの座礁、衝突、沈没、海底油田開発時の事故が世界各地で頻繁に起こるようになり、その度に大量の油が流出し海洋を汚染したのである。一九六七年イギリス沖でタンカー「トリーキャニオン号」が座礁し、十万トンの石油が流出して英仏海峡一帯を広範囲に汚染した事件が有名である。日本近海でも平成九年島根県沖でロシアのタンカー「ナホトカ号」が沈没し、付近の日本海沿岸に大量の重油が漂着し、大きな被害を及ぼしたことは記憶に新しいところである。

石油による海洋汚染は、これらの事故ばかりか石油を輸送する通常の作業からも発生した。タンカーは石油を需要地や備蓄基地などで下した後、空になった船倉に船の安定を保つためバラスト水を積み込み石油供給基地に向かい、石油を新たに積み込むときこの水を廃棄するような作業を行っていた。その他海洋は、いろいろな形で石油汚染され、年間五百万トンもの油が捨てられていた。その後、船舶が関わる海洋への石油流出量は一九七六年以降「ロードオントップシステム」が義務づけられたこともあり改善され、最悪時の八分の一程に減少したのである。

生活排水が関わった水質汚濁としては、琵琶湖の湖水の富栄養化による水質の悪化がある。これは一九八〇年代前半まで、合成洗剤の助剤として洗剤中に加えられたトリポリリン酸ナトリウムを含む洗濯排水が湖に大量に放出された結果、湖水に栄養の富化が起こり、藻類の異常増殖現象が起こった結果、光合成ができなくなる程厚い層をつくり、枯れた藻類の分解に溶存酸素が消費されるため部分的に酸欠状態の湖となって漁業に悪影響を与えたり、水道水に悪臭の発生が認められたり、当時大きな問題となった。現在では、当時のようにリンの入った洗剤はほとんどなくなり無リン洗剤となった。しかし湖の栄養塩類である窒素やリン成分の水界への流入は、し尿廃水や農業廃水などいろいろな方面から続いている。

東京湾や瀬戸内海等の内湾で富栄養化が起こると水面を赤色にするプランクトンが異常増殖するため、〝赤潮〟と呼ばれる現象が毎年のように発生している。赤潮が発生すると水域が酸欠状態となるため生息している魚が大量死するなど漁業に大きな被害をもたらしている。平成五年に湖沼、海域に関し富栄養化を防止するため窒素とリンにつき環境基準値が設定された。工場排水に関しては、昭和四六年に工場や事業所からの公共用水域への排水を対象として、これら水域の水質汚濁防止のため「排水基準」が定められた。その後改訂され、現在、健康にかかわる有害物質の項目と生活環境項目とが設定されており、有害物質項目では二六項目が設定されている。今日、この基準値達成率は排水処理技術の進歩もあり毎年九〇％を越している。

さらに水環境を破壊するものとして火力発電所、原子力発電所、その他工場からの冷却用に用いられた水の環境中への放出の問題がある。冷却水として使用した海水や河川水は、使用後その水温は高められるわけだが、それが付近の海や川にそのまま放出されてしまうと、周辺水域の水温が上昇し、漁業等に悪影響を及ぼすとともに、付近の海や川の生態系をも変化させてしまうというものである。すなわち〝温排水〟の問題である。

二－四　土壌環境の現況

地球生誕期にマグマの冷却によって凝結してできた岩石が、何億年という年月をかけ、風化作用などにより割れ目を生じさせ、そこに微生物が棲みつき、蘚苔類や地衣類などが芽生え、それら下等生物の根が有機酸を分泌し、枯れた植物がフミン酸などの酸を生成して岩石を溶解させるなど、物理的、化学的、生物的に複合的な作用の結果、岩石は細粒化され、原始の土壌が生まれた。

この土壌に植物やバクテリアのみでなく小動物も生息し、それらの活動によって土壌は攪拌され、またこれら動植物の遺骸の分解は腐植の作用をさらに進行させ、地表の最も表層に、人類が住み生活するに必要な良好な土壌の層がつくられていったのである。

土壌は、植物の生育に必要な水分を保持し、生育に必要な三大栄養元素すなわち窒素、カリウム、リンの他マグネシウム、マンガン、カルシウム、硫黄、鉄、亜鉛、銅、ホウ素などの元素を蓄え、土壌生物によって行われる酸素を吸収して二酸化炭素を放出する営みのための通気の機能を有している。また土壌は、いろいろな粒径をもった粒子が集合したもので孔隙をもっており、この孔隙は水や空気の通路になっている。さらに植物を地表にもつ土壌は、雨水を保持し、少しずつ川に流し出し洪水の発生をとどめ土壌の流出を防止する働きもしている。このような機能を持つ土壌は、人類の生存に不可欠な植物を育み、食糧の供給源として大切な存在である。しかし、土壌は我々のさまざまな活動によって汚染され破壊されている現状にあり、今後の世界人口の増加に伴う食糧の安定供給を考えると非常に懸念されるところである。

土壌は、雨によって常に少しずつ洗い流されており、河川を経由して海へと流出している、自然浸食と呼ばれるもので、その量は毎年何億トンといった規模である。地表を覆っている森林を人為的に伐採してしまうと、土壌の流亡は自然浸食の何百倍もの速さに加速されてしまう。

現在世界のほとんどの農耕地では、何らかの土壌浸食を受け、中には岩盤が露出する程、激しい土壌浸食を受けた農耕地もある。当然、農業生産量は減少し、あるいは耕作地として機能しない土地へと劣化してしまったところもある。

土壌の汚染は、土壌が直接的に汚染物質によって汚染される場合と、水や大気を経て二次的に汚染物質に汚染される経路が考えられる。汚染物質としては、有機物、無機塩類、重金属類、農薬などが考えられる。このうち特に問題となるものは、イタイイタイ病の原因物質となったカドミウムや、その他農作物の生育の阻害や人体に悪影響を及ぼす、銅、ヒ素、水銀などの重金属類である。

また、殺虫剤、殺菌剤、除草剤等の農薬もある種のものは、土壌中に長期間残留し、いろいろな経路を経て人体に入り込み、人の健康に害を及ぼす問題の汚染物質である。

過去において農作物に害を与える害虫駆除のため、殺虫剤として大量に使用されたＤＤＴ（ディクロロディフェニル）は、化学的に安定で土壌中においてバクテリアなどの作用も受けず、分解速度も遅いため農耕地に散布後、何年間も水系や土壌などの環境中に残留することが知ら

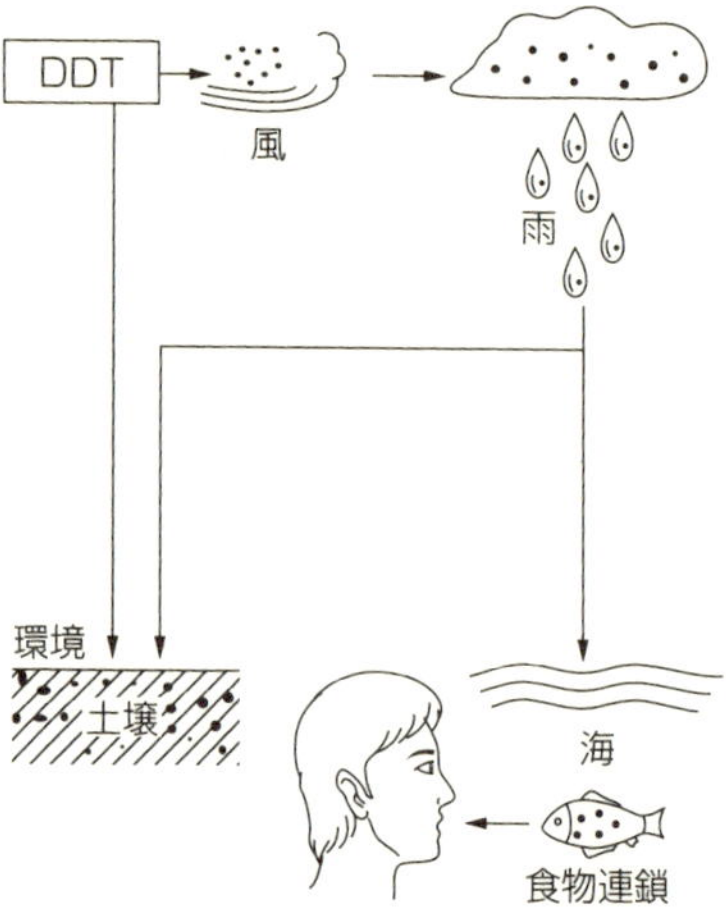

図 2-9　食物連鎖による DDT の移行図

試　料	DDT 濃度（ppm）*	濃縮倍数
水（推定値）	0.00005	1
動物プランクトン	0.040	800
小エビ	0.16	3,400
ヤナギハヤ	0.23	4,600
シープヘッド（魚）	0.94	18,800
カマス（肉食魚）	1.33	26,600
ダツ（肉食魚）	2.07	41,400
サギの一種（小動物食）	3.57	71,400
アジサシ（小動物食）	3.91	78,200
セグロカモメ（腐肉食）	6.00	120,000
アイサガモ（魚色）	22.8	456,000
ウ（魚食）	26.4	528,000
カモメの一種	75.7	1,510,000

表 2-3　水生生物の食物連鎖による DDT 濃度の濃縮

れている。性質的には、水に溶けず脂溶性であることにより、動物の脂肪組織に蓄積され、動物体内に蓄積すると神経系統の細胞に悪影響を及ぼし、運動麻痺や呼吸困難、異常感覚、内分泌攪乱等をもたらす物質であることが知られている。この物質の環境中における移行は、散布後土壌を経由して水系に移行し、そこに生存している動物性プランクトンさらには小型魚類、大型魚類へそして人体へと食物連鎖の中に取り込まれていく。この食物連鎖の途中で鳥類に移行するルートもある。さらに問題となるのは、移行の過程で動物体内でその濃度を増していくことである。これを生物濃縮と呼んでいる。同様な性質を持つ農薬にＢＨＣがある。

稲のイモチ病に抜群の効果を持つ酢酸フェニル水銀は、我国で過去に年間一五〇〇トンもの量が水田に散布されていた。その後一九六八年に水銀特有の中毒の恐れがあるとして使用禁止になった経緯がある。

同様に農業に関する土壌汚染として肥料もまたその一つに挙げられる。有機物を含んだ緑肥、堆肥、家畜や人の排泄物などでは、大きな問題はないが、食糧増産を目指して出現した化学肥料が問題となった。農耕地の酸性土壌化、構造変化をもたらすほか、施肥された化学肥料が農業排水中に混入し、河川や湖沼に放流されるとそれらの水質に富栄養化を及ぼし、藻やシアノバクテリアなどの大量発生をもたらす。そして、それらの分解に大量の溶存酸素が消費されるため局地的に酸素欠乏状態の水域を発生させることとなり、水域を悪臭とヘドロの集積場に変えてしまう。また窒素を硝酸塩の形で溶かした水を幼児にのませた場合、血液中のヘモグロビンが酸素を運搬できなくなるメトヘモグロビン血症という障害を発生させる等環境に大きな影響をおよぼすことになるのである。

第三章　日本人と自然

三－一　日本の風土

我々人類が生活している太陽系の惑星の一つである地球の自然環境は、第一章に述べたように、今から約四六億年前に誕生した原始の地球から徐々に変化し、今から約二億年前にやっと今日のようにいろいろな生物が陸上での生活が可能となる環境が生み出された。しかしその貴重な自然環境も、第二章に述べたように、人類の行為によって急速に変化をきたし、現在、人類を始め地球生物の生存に好ましくないと思われる環境をつくりだしつつある。

さて、このように長い年月を経て出来上がった貴重な地球の中で、日本という国はどのような地理的条件の中に位置し、そして、どのような自然環境に覆われた国であるかを考えてみよう。まず、我国は、四方を海に囲まれ、ユーラシア大陸の東端に南北約二千キロメートルにも及ぶ細長い鎖のような形状をもつ島国である。それゆえ地域によってかなり異なる気候環境下におかれるわけであるが、おおかたいわゆるモンスーン的な気候の中に位置している。
日本列島は、北から南まで、ちょうど馬の背のように山岳が連なっていて、この山々からは、メコン川、コロラド川、ロアール川等大陸の大河と比較すると規模は小さいが、大小の河川が低地に、そして四方の海に向かって急流を形づくっている。さらに現在でも国土のおよそ六八％が、年間平均降雨量千八百ミリという、先進諸国では稀な降雨量によって支えられ育まれた森林によって覆われており、温暖で誠に理想的な環境にあるといえるのである。

我国のおかれた地理的条件についてその概略を述べたが、この三七万七千平方キロメートルという狭小の国土の中に、緯度的には亜寒帯から暖帯まで、高度的には低山帯から亜高山帯までというように、非常に多様で複雑な地形を有する我国では、そこに住む人々は、常にそれらの環境を念頭において生活していかなければならなかったと推察される。もしそれら風土や自然を無視した、すなわち人々が環境の微妙なバランスを崩すような行為をするなら、前述のように、狭小な国土に見事にバランスを保って成立し人々に恵みを供与する自然は、たちどころに姿を変え、土砂災害や洪水等といった災害をもたらす元凶にさえなってしまうことを知っていたからである。我々日本人の祖先は、この自然に対し畏敬の念をいだき、国土の自然環境と文明を見事に調和させ生活を営んできた穏やかな人々であったといえる。

一方、自然環境がそれほど敏感で微妙なものであることは、今日、砂漠と化している地域に、かつて偉大な、そして輝かしい文明が存在した例――古代エジプト文明を始めとした歴史が証明するところである。

文明が栄えたということは、そこに住む人々に豊富な食糧を供給できたということで、食糧生産のために豊かな水が存在していたということでもある。水があるということは近くに大規模な森林が存在していたことになり、農耕に適した土壌があったわけである。ところが古代の文明のあった地域の人々は、その森林を燃料や木材として無秩序に切り出し過度に使用し続けたため、自然のバランスが崩れ、豊かな大地は不毛の砂漠と化してしまい、文明も消滅してしまったという歴史である。

一方、春夏秋冬の四季がはっきり存在する我国の気候は、そこに育まれた日本文化に非常に大きな影響を及ぼしていることは事実である。冬には乾燥した冷たい北西の風が吹きつけ、夏には高温多湿の南風を太平洋から受ける。その冬、夏の厳しい季節の間には、厳しい季節の終わりの安堵と、次の厳しい季節への準備とも思える、春と秋という穏やかな季節が存在している。そして、それらの季節の移り変わりが、留まることなく次から次へとめぐりめぐってやってくるという風土の中で、我々日本民族は、太古から生活を営なんできたのである。このように四季の変化や移ろいといったものが、多様性に富み、繊細で独特な、世界に類をみない日本文化を形成したといっても過言ではない。

三―二　日本人の自然観

我国は、季節の移ろいがめまぐるしく、その間に台風や地震などの災害が起こりやすい地理的条件にあることより、古来人々は自然を身近なものとして感知し、それを柔軟に受け止めなくてはならなかった。そのような環境にあって、日本民族は、弥生時代から稲作を営む農耕民族であった。田起こし、種まきから田植え、刈り取りまで、常に気温や風、日照、水の様子に至るまで注意深くみまもらなくてはならず、自ずとこれら自然に敏感にならざるをえず、そこから自然や四季の移ろいに繊細な感性が培われたのであろう。そして収穫が成就されたとき、われわれの祖先たちは、自然からの偉大な恵みを感じ、自然の中に神をみたものと思われる。今日、年ごとの十一月に、宮中をはじめ全国の神社において、新穀の収穫を神々に報告し、感謝の心を捧げる祭り〝新嘗祭〟が行われており、その起源は弥生時代に遡るとされている。また、全国の新嘗祭に先立ち、伊勢神宮において最大の年中行事とされる〝神嘗祭〟が、天照大神に新穀を供え執り行われている。このように日本人の自然観を概観すると、神道に辿りつき、深層において神道と深くかかわっていることがわかる。

西洋の文化を「石の文化」と表現するのに対し、日本の文化は「木の文化」といわれている。森林に恵まれた我国では、木材を用いることに非常に便利であった。また、国内で文明の進んだ地方が、おおかた夏期に高温多湿にあったことから、この気候に対応していかなければならず、その点、木材は吸湿性に優れ、熱を伝えにくく、これを用いて建てられた建築物の室内は、外界の影響を直接的に受けることが石材に比べて少ない。これとは別に、古代日本人は、何百年も生き続ける樹木に偉大なる生命力を感じ、神霊の存在を認め信仰の対象としてきた。このような崇高な樹木から得られた木材によって建てられた家に住むことによって、神を身近に感じ、自然と一体化しようとする思想に日本文化の根源をみることができる。

自然と見事に調和し融合した建築物を、ドイツの建築家ブルーノ・タウトが日本文化の極致と絶賛した伊勢神宮にみることができる。すなわち、雨が多く多湿の気候のため、御神殿は、水はけや風通しをよくし、湿気を防ぐため床を高くし、軒を深くして直射日光を遮り、屋根は茅を用いて葺くといった建築構造は、単純でありながら自然と実によく調和し融合していたわけである。このように我々の祖先は、庶民の住宅や生活に至るまで、自然を人々に対立するものとせず、身近に受け入れ融合し、感謝と畏敬の念をもって穏やかに生きてきたといえるのである。このような観点からすると、同時代の西欧人は、自然というものを絶対の神が生み出した一つの物と位置づけ、決して信仰の対象とはならなかった。むしろ自然は人々に対立するものと捉え、自然との闘いの中にその文化を生みだしてきたともいえるのである。このあたりに西欧人と日本人との自然観に大きな違いをみることができる。

さて、生け花は今日でも女性の素養として嗜みの一つになっている。この発生は自然とのふれあいにあったといえる。万葉人たちが野山に出かけて行って自生している花を愛でたということは、『万葉集』にみることができる。当時の人々は、野山に咲く花に、ただ自然のもつ美をのみ感じ取っていたのではない。例えば春の花であるなら、寒い冬をじっと耐え、明るく暖かい春の気配を感ずると、待ちかねたように芽を出し美しい花を咲かせ、そして人々の心を希望に満ちた明るいものにする。このような花の年毎の営みに、あたかも花に神が宿っているかの如くに信じていたのである。春の野に出て美しい花の咲き乱れる中に己が身をおいて花と一体化しようとしたり、花を手折って簪として髪にさしたり、花を食用としたりすることにも、神の宿る花のもつ活力にあやかろうとする素朴な感情をもって自然に接していたことがうかがえる。

春の野にすみれ採《つ》みにと来しわれそ
　野をなつかしみ一夜《ひとよ》寝にける
（『万葉集』　山部赤人）

沙額田《さぬかだ》の野辺の秋萩時なれば
　今盛りなり折りて挿頭《かざ》さむ
（『万葉集』　作者不明）

戯奴《わけ》がためわが手もすまに春の野に
　抜ける茅花《つばな》そ食《め》して肥えませ

（『万葉集』　紀女郎《きのいらつめ》）

梅の花折りてかざせる諸人《もろひと》は
　今日の間は楽しくあるべし

（『万葉集』　神司荒氏稲布《かむづかさいなしき》）

しかし花という自然に対する感情にも、万葉の後期になるといささか変化が認められるようになるのである。万葉の初期、中期では人々は自然の中に入って花に接し、花の美しさや花のもつ活力にあやかろうとしてきたが、後期になると美しく珍しい花を家の庭に移植して愛でるようになってきたのである。これは自然との乖離ではなく、むしろ自然の身近への招き入れを図ることによって、より自然と一体化しようとした日本人の心情をうかがいみることができる。さらに野や庭に咲く美しい花の根を切り離し器に活けて室内に置くようにもなり、ますます自然との融合を計り心の平穏を保とうとしたものと考えられる。

わが宿を人に見せばや春は梅
　夏は常夏秋は秋萩

（『和泉式部集　第三』　和泉式部）

花という自然に対する接し方についても、万葉時代から平安時代に移るにしたがって、このように自然と直接触れ合うのではなく、花のもつ美的な面を取り上げ、とぎすまされた平安朝の人々の感ずる季節のうつろいを花に写す感性を培っていったのである。このあたりに人々の自然観の変化をみることができる。

室内に花を活けて美しさや珍しさを愛でるようになったのだが、この花という自然との接し方の移り変わりは、同時に季節の移り変わりを花の変化に認め、山野に在って季節を感じるのではなく、室内にいて僅かな数の花をみて、季節季節に山野に美しく咲く花の全景をみる、誠に鋭敏な日本人の自然に対する感性を育み、日本文化を昇華させたといえるのである。活け花がいつの時代に華道として確立したかは定かではないが、一説には室町時代といわれている。〝立花〟ともいわれ、芯となる花を、神が降りてこられる〝依代〟と考え、花は神霊の宿るところと信じていたことは既述したところである。後に華道の発生をみると、美しさを愛でることもさることながら、花を活けるという過程に重きを置くようになっていったといえる。それは花が神霊を宿しているとする日本人の歴史的心情に元をなすところであるが、神と静かに厳かに向かい合い、自らの精紳も花の咲く野山の中に置き、心を鎮め美しく神々しい程に花を活ける。この華道において活けられた花は、美しい神の御姿そのものとなるのである。

これまで花という自然をとりあげ、日本人の自然観について述べてきたが、花以外の様々な自然の動きに対しても日本人の自然観を概観することにする。

日本の歴史の中で千年以上の永きにわたり都の置かれた京都は、日本文化の基底的形成に大きく関わったことはいうまでもない。京都は三方をゆったりとした山に抱かれ、町中に清流が流れ、四季のうつろいがはっきりした風土にある。そして、そこに生活する平安朝の人々は、風や気温、雲の動き、流れる水の音、雪の舞いなど僅かな自然の変化を敏感に感じ取り、人々を取りまく自然環境から季節に対する繊細な感受性を培ってきたのであろう。繊細な感受性はさらに深められ、洗練された美意識というものをかたちづくっていくのであるが、これなども、平安の都がおかれた女性的ともみえる自然環境の中で、宮廷の貴族たちが中心となり、高められたであろうことは容易に理解することができる。

図 3-1　活け花

ひさかたの光のどけき春の日に
　しづ心なく花の散るらむ
（『古今和歌集』　紀友則）

秋来ぬと目にはさやかに見えねども
　風の音にぞおどろかれる
（『古今和歌集』　藤原敏行）

風かよう寝覚めの袖の花の香に
　かをる枕の春の夜の夢
（『新古今和歌集』　藤原俊成女）

平安朝の貴族たちは、衣服においても四季折々のものを身につけ、色調や文様にも季節に適したものを好むようになった。春には、春の草花を初めとする春の自然の風物、秋には、紅葉を初めとする秋の自然の風物を衣服の文様にあしらい、色調も季節に適したものを身につけ、自然との融合をはかり感じたのである。

万葉人達が野山に出て、季節の花を手折って簪とし、花のもつ生命力、活力を我が身に授かろうしたのに対し、平安の都人達は、それを衣服に直接文様や色目としてあしらうことで、自然との一体感を感じつつ美的感性を肥やすことになった。そして、その衣服を身に付ける人の姿を目にする人々が、衣服をとおして、野山に出かけなくても季節を感じられるような配慮もそこにうかがいみることができる。

さくら色に衣はふかくそめてきん
　花のちりなん後のかたみに
（『古今和歌集』　紀有朋）

桜の季節をよんだ歌だが、季節の移ろいを予感し、その花の色で衣服を染め落花を惜しむという内容だが、『古今和歌集』のうちの春の歌では、桜に関するものが圧倒的に多く、それも散り様をよんだ歌が多い。潔《いさぎよ》さを良しとする日本人の心が、開花から落花までの短い花の命に潔さを感じ、その様を美しいものにまで昇華させた美的感性に、平安期における日本人の自然観の大きなふくらみを感じるのである。

色や香りを取り上げた歌もみられる。衣服の文様についても、花だけでなく、月や水の流れなど自然の風物も取り入れられ描かれるようになった。

また、日本の気候条件の中で夏ほど耐えがたい季節はないといえよう。特に都のおかれた京都は盆地であることより内陸性の気候となり、夏の暑さと湿気は、非常に厳しいものとなる。これから逃れるために、庭に涼しさを感じる大自然を写すなど、作庭にも自然を招き入れ、自然との同化を心地よしとする日本人の心情が芽生えた時代といえるであろう。

日本人の自然観というものを上代から中古にかけて考察してきたが、万葉時代には自然というものが生活に深く関わっていて、多くの万葉人達が同じように自然を感じ取っていたのに対し、平安期の自然観というものが、都が置かれた京都という狭い土地に醸成されたもので、平安京の文化を築き上げた平安貴族の自然観といってもよい。しかしながら、貴族たちが築き上げた雅な京の文化は、地方の日本人に高く評価され、徐々に地方へと浸透していった経緯があることは否めない。いずれにしても、上代における日本人の自然観は、大変素朴なもので客観的であったものが、中古に入ると自然に対する美的追求が進み、自然をゆっくりと具体的に観察する眼を培い、この観察眼をとおして身近な自然の微妙な変化を捉え、四季の移ろいに対し鋭い感受性を養うようになった。また、季節の移り変わりから時間的な観念を感じ取り、中世に入ると、移り行く季節に人の世の常を写すなど、自然観に大きな変化のうねりをみることができる。

さて、時代は平安末期から鎌倉時代へと移るわけだが、この平安末期は貴族たちにとって大変な時代であった。貴族社会にあって貴族間の争いの解決の手段でしかなかった武者が、政治的な力を得て台頭するようになった。その旗頭の一方が平家であり、もう一方が源氏であった。西暦一一五六年、一一五九年の京の都を舞台とした保元・平治の乱により、政治の真の指導者は貴族から武者へと完全に移ったのである。

こういった政治的にも文化的にも中心であった京の都を舞台とした戦いを経験し、体制の変化を目の当たりにした都人達は、人の世のはかなさといった感情を深くおぼえ、この無常さを移り変わる自然の姿に写すといった自然観を生みだすことになった。

知らず、生まれ死ぬる人、何方《いづかた》よりきたりて、何方へか去る。また知らず、仮のやどり、誰《た》がためにか心をなやまし、何によりてか目をよろこばしむる。その主《あるじ》とすみかと無常をあらそふさま、いはば朝顔の露にことならず。或《ある》はつゆ落ちて花残れり。のこるといへども朝日に枯れぬ。或は花しぼみてつゆなほ消えず。きえずといへども夕《ゆふべ》を待つことなし。

(『方丈記』　鴨長明)

次に、『平家物語』の巻頭の一節を挙げることにする。

祇園精舎《ぎおんしょうじゃ》の鐘の声、諸行無常《しょぎょうむじょう》の響きあり。沙羅双樹《しゃらそうじゅ》の花の色、盛者必衰《じょうじゃひっすい》のことはりをあらはす。驕《おご》れる者久しからず、ただ春の夜の夢の如し。猛き人もつひには滅びぬ、ひとえに風の前の塵《ちり》に同じ。

沙羅双樹の花の色の移ろいから、人の世の移ろい、物事の盛衰の理《ことわり》を感じ、もののあわれの感情をおぼえ、あたかも、隠遁者が自然の中に行きついたさとりにも似た心情に達していたのではなかろうか。

すなわち自然の大きさを認め、その自然の移り変わりをみて己が行動の規範とするなら、心は自ずと平静になり、人々にとって最も心楽しく自然な生き方であるとする思想、自然観が激変する時代背景の中に萌芽したものであろう。

こういった思想は、今日の自然科学を背景として考えた場合、人間という生物を自然を形成する因子の一員と捉え、人間が人間以外の生物とうまく調和し、融合して生きていかなければ、自然の法則は崩壊し、最終的には人類の滅亡に繋がるとする地球生態系の理論にも一致すると思われてならない。

自然を優美という一面で特に強く捉えようとした平安期も末期になると、既述のように人の世の〝無常さ〟〝あわれさ〟といったやりきれない感情を、己が身を自然の摂理の中に投ずることによって和らげ、心の平静を取り戻すといった、いわば、精神的救済を自然に求めるようになったともいえるのである。同時に自然のもつやさしさ、美しさのみでなく、元に戻って厳しさという面にも目をむけなくてはならないと考えるようになった。すなわち古来我々の祖先達は、自然に神が宿り、美しく、人々に恵みをあたえてくれる存在と崇め祀ってきた一方で、大きな災害をもたらす存在でもあり、これを鎮めるために祭祀をいとなんできたのである。しかし、平安期には自然のもつ美そのものが異常に強調されてきたわけで、そのような自然観に軌道修正が加えられ、上代人的な自然認識に回帰しようとしたのである。

日本文化の中で〝わび〟、〝さび〟といったものを美という点で評価する場合があるが、これなども深く考察してみると、自然をあるがままに認知し、そして、日本の風土によく調和したうえで初めて成り立つ意識であることを理解しなくてはならない。我国は多湿環境に置かれた国であり、その環境を認識したうえで、苔むしたものを好み、庭に池を掘り、自然の石をあしらい、石の周りを苔で囲む、これなどはその良い例である。

こういった〝わび〟、〝さび〟といった意識は、当時の武士階級に大いに好まれ、この意識が極めて自然なところより生み出されていることにより、ますます簡素な方向に向かうことになり、この簡素さにこのうえもない心の落ち着きを感じたのである。

この簡素さの代表ともいえる茶道も、またこのように激しい世の移り変わりに、人々の精神的な解放と心の平安を図る手段として盛んに行われるようになった。静寂の中に身を投じ、心を鎮め、自身に活力を得るといったところにその本質があるとされている。平安末期から鎌倉時代の茶道については詳らかではないが、足利時代、村田珠光により茶の湯の一定の作法があみだされ茶道が成立したといわれる。

千利休もまた茶の精紳である和敬静寂、簡素枯淡を顕現した茶人であるが、茶道を武将の教養として広めたのも利休であった。薄茶を御点前とし、質素を強く打ち出した茶道である。

茶は、今から千二百年ほど前、唐招提寺をつくった僧鑑真によって我国にもたらされたと伝えられている。茶は、その成分にカフェイン、タンニン、ビタミンCが含まれ、はじめ薬として持ち込まれ用いられていた。特にカフェインは､厳しい禅の修行に励む僧侶達の眠気をとり、精紳の覚醒を図る効用があり、修行に用いられていた。日本茶の起源は、山野に自生していた山茶や中国から持ち帰った種を品種改良したもので、それを湿気が多く栽培に適した奈良や京都で栽培したものが始まりといわれている。

茶道において静寂の中に身を投じるということは、人と自然との融合を茶室という人工的な狭い空間に図り、心の平静、静寂を回復することにほかならない。

　事実、この人工的な茶室をうかがいみるなら、茶室への道程、茶室内、茶碗どれ一つとっても自然を凝縮したものといえるのである。

　茶室への路は、まるで大自然のそれが凝縮されたようにあしらわれ、茶室にたどりつく間に自ずと雑念が掃われ、心の集中が図られる。ちょうど、伊勢神宮の森厳な参道を玉砂利を踏みしめ、御正殿に進みゆくに従い、心の浄化が感じられる心情に似たものを認めることができるのである。茶室を形づくる材料はというと、柱、天井、床、壁など全てに極めて素朴な自然素材が用いられ、活けてある花は、盛り花にするのではなく、簡素にして一輪だけを活け、大自然を感得する。

　茶碗も現在では色鮮やかな美術的なものもあるが、当時は丹波焼のような素朴な色合い肌触りをもつものが用いられたことであろう。このように、茶室への路から茶室を形づくる素材、茶花、茶碗など全てに茶室という狭い空間に大自然を感じる凝縮された美しい自然を表現し、葉をゆらす風のようすを明かり障子に感じ、鳥のさえずりや湯の煮えたぎる音に耳を傾け、部屋の中の一輪の茶花に大自然を感じ、花に宿る神を身近に感じて茶を啜り、心の安定を求めた

図 3-2　妙喜庵茶室への路（京都府乙訓郡大山崎町）

図 3-3　国宝妙喜庵茶室

のである。上代の人々が野山に出て自然に触れることによって、自然のもつ美しさや活力にあやかろうとした自然への回帰の願望がみられるところである。

さて日本人の自然観について上代から時代を追ってその変遷を考察してきたが、日本人は古来自然に畏敬の念をいだき、大自然の中に神を拝し、神との関わりによって心を養い、自然との融合の中に心の平穏を保ってきたのである。そういった古来からの日本人の自然観も、近世の後期から近代にかけて大きく変化をきたした。永い間鎖国政策をとってきた日本も、その時代、西

図 3-4　妙喜庵　茶室内の茶花

洋諸国の影響をいやがうえにも受けざるをえないような国際情勢におかれ、特に西欧の高度に進歩した自然科学の理論や技術を目の当たりにして、明治維新を転機として近代工業化国家へと舵を切ったのである。西欧の文化をどんどん取り入れ富国する方向に社会を変化させ、日本は急速に近代国家の仲間入りをすることになった。

自然の中に神を認め、自然とたくみに融合してきた日本文化に対し、自然は人間と対立するもので、自然を人間が都合のよいように制御するものとしてきた西欧文明とには非常に大きな相違があるわけである。その西欧文明を遮二無二吸収するということは、日本文化の基をなす自然を破壊し、急速に痛めつける結果をもたらした。

かつて、その雄大さと白砂青松の美しさを誇っていた日本の海岸は、今日、その九割に何らかの人の手が加えられ、古代、人々が、命と恵みを運ぶ神の道とも捉えた川は、大都市に集中する人々に飲み水を供給し電気を送るため、上流でコンクリート製の巨大なダムによって堰き止められ、下流に行くと、洪水を防ぐためとしてコンクリート製の護岸によって固められ、全く川本来の姿、神の坐します畏しこき美しいところとした自然の姿を認めることは不可能に近い。また、神々しく人々の心の支えでもあった美しい里山も大都市周辺では、次々と住宅用地造成のため破壊されている。

春過ぎて夏来るらし白栲の衣乾したり天の香具山

『万葉集』に持統天皇により歌われ、歌に読み取れる、夏を感じる青空、緑の山、風にゆれる白い衣といった美しい風景も、『万葉集』の中に歌われた季節感にみちた草木の芽吹きなども、アスファルトやコンクリートで覆われた都市の中ではみることはできず、自然は都市という新しい環境にとって代わり、気候さえも好ましくない方向に進みつつある。

日本人は、外国の文化を不思議なくらい簡単に取り入れてしまう民族とよくいわれるが、すべて取り入れそれを良しとして従来の日本文化を否定して捨ててしまうわけではない。いってみるならアメーバが体内に餌を取り込み生長していくように、外国文化のよいところを従来の日本文化の肥料として充実させ、高めていくという、実に天才的な民族であるということができる。外来宗教である強力な仏教文化が我国に入ってきた時も、仏教を受け入れながらも時の経過とともに従来の日本文化の基となる神道と習合させ、日本仏教としての形態を整え今日に至っている。

このような世界的にも稀な特性をもつ日本民族は、前述の近代化の過程でなかば盲進的に西欧文明に飛びつき取り入れはしたものの、二千数百年もの永い間我々日本人が築き上げた日本の伝統文化を捨て去ったわけではなかった。今日に至って、古代より日本人の祖先が、そこに神を認め畏敬の念をいだき、信仰の対象にまで高めた自然を、近代工業化推進の名のもとに無残に破壊してきた近代文明に反省の念をいだくようになってきた。そして、人々の心を耕し育んでくれた自然の大切さを再認識し、近代工業文明を否定するのではなく、自然を常に意識しながら調和のとれた工業進歩を図ることの先に、真の豊かさを感得することが可能となる世の中があると考えるようになってきたのである。

限りある財をもちて、限りなき願に随ふこと、得べからず

（『徒然草』第二百十七段　兼好法師）

第四章　自然と神々

古代、日本人の神観念に関しては、多くの研究がなされているが、その原初的なところでは、当時の人々にとって、人知をこえた到底理解できないような能力を有するものや、事象全てを神とし、畏怖の念や加護を求めて崇めてきたものと考えられる。太陽、月、山、川、雷、風などは、人知を超えた存在であり、人々の力ではどうすることもできない偉大な力や神秘性を有しており、これらの内にまた背後に神霊の存在を認め、崇拝の対象としてきた。

人々の生活する里から眺めると、太陽が昇ったり沈んだりする山々の頂には、恰も神の坐します神聖な神座の存在を感じ、そしてそのような尊い山は、人々に食料や水など大きな恵みを与えてくれる源でもあることより、山全体を神が宿る神聖なところと考えるようになったといえる。全国各地にこの山を御神体とする神社が多く存在する。奈良県の大神《おおみわ》神社の場合には、標高四六七メートルの三輪山が御神体として祀られ、いわゆる御本殿の存在はない。

以上のように述べると、神道における神は極めて広範となり、多数の神の存在を認め、『古事記』において八百万の神といわれる所以でもある。これらの神々の意を損じるならば、人々は、神々によって災いや祟りを蒙るものと信じ、一方で敬虔な心をもって神々と接するならば、神はまた、人々に神慮を与えてくれると信じ畏敬の念をもって接したのである。

神道は、多神教であるが、キリスト教やイスラム教のように一神教的とも考えられている。『古語拾遺』に次のような記述がある。

天照大神者、惟祖惟宗、尊無㆓与二㆒。因、自余諸神者、乃子乃臣、孰能敢抗。

（『古語拾遺』）

天照大神《あまてらすおほかみ》は、惟《こ》れ祖《おや》惟《こ》れ宗《きみ》、尊《たふと》きこと与二無《ならびな》し。因りて、自余《それよりほか》の諸神《もろがみ》は、乃《すなは》ち子乃ち臣《おみ》、孰《たれ》か能《よ》く敢《あ》へて抗《さから》はむ。

すなわち神道の神は、天照大神を核としていると説いているのである。

伊勢神宮の内宮に祀られる皇祖神である天照坐皇大御神《あまてらしますすめおおみかみ》（天照大神）は、大日孁貴《おほひるめむち》とも申され、古来より日神としても尊崇されていた。

太陽を神として崇拝した文化は、エジプト、ギリシャ、インド、メキシコなどといった古代文明の栄えた地方にも多く存在が認められている。それらの地方で発見された古代洞窟、発掘された墳墓より、土器、刀などに太陽の象形の痕跡が確認されるのである

四―一　火の神

火を知りこのエネルギーを生活に利用する手段を発見したことは、人類の文明史上きわめて重要な変換点であった。

太古には暖房や煮炊きなどに枯れ草や木材が使用され、主な燃料とされてきた。この火をエネルギー源として使用し始めたことは、人類にとって食料の種類や量を増やし豊富にすることになった。獣の肉などは生のままで食べていたものが、火を用いて調理することによって保存期間がずっと伸びることになり、食料が長期間貯蔵されるようになり、これによって人類はそ

の数を増加させることになった。その後我々は、ヨーロッパにおける産業革命以後、木材に代わり、石炭、石油といったいわゆる化石燃料をエネルギー源の主役として大量に消費し、快適な生活を営んできた。現在、世界で消費されるエネルギー量は、石油換算で一年間に一二〇億トンと発表されている。そのうち九五億トンを石油、石炭、天然ガスから得ているのである。これら化石燃料は、太古に地球上に生存していた動植物が地下に埋没し、熱や圧力が加わり長い年月を経て出来上がったもので、石炭は、膨大な量の植物が枯死して堆積し、数千万年から数億年の時を経てその鉱床が形成され、石油は、植物や水中の微生物の遺骸が陸地や海底に堆積し、それらの有機物が分解し、主成分である炭化水素となって、主に、砂岩、石灰岩、頁岩などの堆積岩の地域に蓄積され、石油鉱床が形成されたものとされている。それらによって得られる火は、太古より現在まで、人類にとって非常に貴重なものであった。

また、一方で火は、一つ取り扱いを誤ると、家を焼き、古代人の食料となる獣や果実などを与えてくれる森林までも焼きこがしてしまう恐ろしい存在でもあった。

古代日本人は、この貴重な火を、『古事記』では「火之迦具土神《ひのかぐつちのかみ》」、『日本書紀』では「火神軻遇突智《かぐつち》」と記し、神として崇めてきたのである。「火之夜芸速男神《ひのやぎはやをのかみ》」、「火之炫毘古神《ひのかがびこのかみ》」は、『古事記』における「火之迦具土神」の、また、「火産霊《ほむすび》」は、『日本書紀』における「火神軻遇突智」の別の名である。

次生火神軻遇突智。時伊奘冉尊、為軻遇突智、所焦而終矣。
（『日本書紀』神代上　第五段〈一書第二〉）

火神軻遇突智は、伊奘諾尊《いざなぎのみこと》と伊奘冉尊《いざなみのみこと》の御子神で、出生の時母神に火傷を負わせ、それがもとで伊奘冉尊は亡くなったとする記述がある。

火伏せの神として、静岡県春野町の秋葉山本宮秋葉神社、京都市右京区の愛宕神社は篤い信仰を集めている。

秋葉山本宮秋葉神社の主祭神には、「火神軻遇突智」を祀り、愛宕神社は、「伊奘冉尊」を主祭神とし、他に、相殿には、稲の豊穣をもたらす神とされる「豊宇気毘売神《とようけびめのかみ》」、土の神である「埴山姫神《はにやまひめのかみ》」など農耕に関係する神をも祭神として祀っている。「伊奘冉尊」が、「火神軻遇突智」

を産んだ後、火傷を負い苦しんでいる中に「埴山姫神」を産み、また、その御子神が「豊宇気毘売神」であった。

古代我々の先祖は森林に火をつけ焼き払い、食用植物を栽培する、いわゆる焼畑農業という原始的な農法で作物を収穫していた。したがって火というものが極めて重要なもので、火伏せの御神徳ばかりか、農耕にも無くてはならない存在としてとらえ、農業の守り神として崇められてきたものと考えられる。市川市北国分付近は、今でこそ都市化しているが、以前は純農村地帯で、村の産土神社は「愛宕神社」であり、氏子達はこの鎮守に篤い信仰をよせている。

四―二　水の神

水は古来、神として崇められてきている。水というものは人類が生きていく上でなくてはならないものであり、稲作民族としての古代日本人は、太陽とともに水が存在しなくては米が実らないこと知っていたわけで、この水に神霊を感じ感謝の気持ちを捧げ崇拝してきたものであ

図 4-1　丹生川上神社中社（奈良県）

ろう。

水は、山の中の水源や川、井戸などいろいろな形で我々の前に現れ、それらに対し古来日本人は、各々に神を認め祀ってきたのである。罔象女神《みつはのめのかみ》は、『日本書紀』神代上の中の一書のいくつかにその出生が記されており、一般的に水の神をあらわす場合、この神をもって示して差し支えないと考えられる。

伊奘冉尊、生火産靈時、為子所焦、而神退矣。亦云、神避。其且神退之時、則生水神罔象女及土神埴山姫、又生天吉葛。天吉葛、此云阿摩能與佐圖羅。一云、與曾豆羅。

（『日本書紀』神代上　一書第三）

川は、山を源として人々の住む村里に流れ下ってくるもので、村人達は、農業用水や生活用水、すなわち命と恵みを運んでくる神の道として捉えたのではないかと考えられる。そして水源は、神が宿る神聖な場所として、又、川が平地に流れ出るあたりは、田に水を引き入れる畏しこき処とし、水の神を祀り崇めてきたのである。

大和の国一帯では、水源付近に水分神《みくまりのかみ》、川が平地に流れ出る付近に山口神《やまぐちのかみ》を祀る神社が多く鎮座されている。

『延喜式』神名帳には、吉野水分神社、宇陀水分神社、都祁水分神社、葛木水分神社が記載されており、『延喜式』祈年祭にはつぎのような祝詞がある。

水分に坐す皇神等の前に白さく、吉野《よしの》、宇陀《うだ》、都祁《つげ》、葛木《かつらぎ》と御名をば白して、称辞竟へ奉らくは、皇神等の寄さし奉らむ奥津御年を、八束穂の茂し穂に寄さし奉らば、

（『延喜式』祈年祭）

これら四神社は、水分神が祀られ、いずれも山の奥の水源付近か流水の合流するあたりに鎮座されている。
また山の入り口で川の水が里に流れ出るあたりに山口神を祀る神社として、『延喜式』神名帳には十二神社の記載があり、古代、中世に至るまで国家祭祀の一つである廣瀬神社の廣瀬大忌祭における祝詞には次のように唱えられている。

皇神等の敷き坐す山々の口より、さくなだりに下し賜ふ水を、甘き水と受けて、天の下の公民の取り作れる奥津御年を、悪しき風、荒き水に相はせ賜はず、汝が命の成し幸はへ賜はば、初穂は汁にも穎《かい》にも、みかのへ高知りみかの腹満て双べて、横山の如くうち積み置きて奉らむと……

（『延喜式』広瀬大忌祭）

これらの神は、祝詞の内容からみると、稲作に大きく関係していることがわかる。
大和の国のこれら水神を祀る神社では、御田《おんだ》といわれる稲作の過程を儀礼化した神事が伝承

図 4-2　廣瀬大社（奈良県）

されている。

これとは別で、泉とか井戸もまた水がとどまることなく湧き出てくるところで、この状態に生命力といったものを感じ信仰の対象となったとも考えられる。

京都府の棚倉に、和伎坐天乃夫支売《わきのにますあめのふきめ》神社が弥生遺跡の森の中の湧泉近くに祀られている。またの名を棚倉社と呼んでいる。この棚倉神社と木津川を挟んだ祝園《ほうその》に祀られている祝園神社には、共に農耕儀礼の居籠《いごもり》神事が伝えられている。祝園神社の場合には、まず神職が神前にて祝詞を奏上し、住人全てが消灯し静粛に忌籠る中、木津川で清められた砂を敷いた道を通り、風路の井といわれる井戸に進み、祝詞を奏上し、井戸よりの神迎えの神事を斉行する。次に日をあらためて、御田の儀が井戸から斎庭の神の森に戻って執り行われる。木製の農具をもって耕作の仕ぐさをし、五穀の種子を播き祝詞を奏上し社に帰る。氏子達には祭の神饌とした種子が分け与えられ、氏子は、農作業のはじめに田の神をむかえるお供えとして持ち帰る。燃え盛る松明や打振られる鈴の音の中での神事であり、農耕に関係する水神を祭る厳粛な神事である。

このように、古来人々が神の道とも捉えていた川の源では、神が宿る神聖なところとして祭りを斉行してきた。この神のもたらす聖水によって、知らず知らずのうちに身についてしまった罪や穢れを浄める禊《みそぎ》が行われ、水に浄化能力の存在を信じてきたのである。

君により言の繁きを故郷の明日香の川に潔身しに行く

（『万葉集』巻四・六二六）

伊奘諾尊、既還、乃追悔之日、吾前到二於不須也凶目汚穢之處一。故當滌二去吾身之汚穢一、則往至二筑紫日向小戸橘之檍原一、而祓除焉。遂將レ盪二滌身之所汚一、乃興言曰、上瀬是太疾、下瀬是太弱、便濯二之於中瀬一也。

（『日本書紀』神代上　第五段）

このような思想は、我国のみでなく、仏教やキリスト教、ヒンズー教を信ずる人々にも認めることができる。

神社では、玉垣というもので神域を囲っている姿を目にすることができるが、この玉垣が何重にもなっている構造を成す場合、その一番社殿に近い玉垣を瑞垣《みずがき》と呼び、水垣の意味で、神

図 4-3　白幡天神社手水舎

域を囲む水の垣（川）ということにもなる。

本来神域に入るにはその水垣をわたっていかなくてはならず、この行為が禊になると解釈されている。今日神社の神域に入り御参拝をする前に手水舎という施設で手を洗い口を漱ぐ、これは略式の禊の作法と考えてよい。

一方で川は、ひとたび水源の山で大雨が降ると、増水し、人々の住む集落に洪水をもたらし、米の収穫もおぼつかなくなるばかりか、神の宿る神聖な山に土砂災害を発生させるといった全く恐ろしい存在ともなってしまう。古代の日本人はそれを神の怒りであるとも感じ取り、畏怖の念をもって水神に信仰をふかめていったのである。先に示した広瀬神社大忌祭の『延喜式』の祝詞の中に、このような水神のもう一つの捉え方をみることができる。

古来日本における農業は、稲作を中心に営々と営まれてきた。その稲作が発展した場所は、大きな川の氾濫によって上流の地味豊かな土壌の堆積する沖積地であった。そこでこの稲作耕作地を維持するため、治水という事業に最大限の知恵や関心をはらってきた。この場合の治水事業というのは、今日のように大堤防を設けて川の流れを堤防の中におしこめてしまうようなことはせず、神の道としての川の流れの自然の営みを尊重し、すなわち神の意思を損なわず水神を祀り、なだめることによって神の怒りを鎮めようとした当時の人々の思いをうかがい知ることができる。神の坐します川の上流の森の護持育成をはかり、洪水の原因ともなる山の砂の川への大量流出の防止と自然の灌漑効果を図ることなど、神を背景に自然の機能を認めた治水を二千年以上以前の太古より心がけてきたのである。

しかし、こういった川と人々との関わり方も明治以降大きな変化がみられるようになった。近代工業化社会の到来である。すなわち西欧社会がそうであるように、生産力の効率的かつ極大化を目指す社会となっていった。この工業技術によって、川という自然を、人間生活に都合のよいようにコントロールしようとし始めたのである。その延長線上にある今日、川は洪水防止のためコンクリート護岸で固められ、効率よく海まで水を導くただの水路となってしまった。かつて川を神がやってくる道と考え、その源に理想郷があり、川が命の源であり、神霊の存在をさえ感じながら、あたかも神聖な生き物のように理解し、畏敬の念を抱いてきた古代日本人の自然観は影を薄くされた感を否めない。

川は、川のみで存在しているのではないということを認識しなくてはならない。人類を始めとする地球上の生物は、地球の生態系の中で互いにもちつもたれつして生命を維持しているわけで、もしその生態系を構成する因子のひとつでも壊れてしまうと、生態系全体の崩壊に繋がってしまい、誠に脆弱なシステムといえるわけである。そして川をそのように物体化し、自己の都合のよいようにコントロールしてきた結果はと考えると、以前にも増して洪水による経済的被害は大きなものとなり、都市の住民は常に川に対する恐れの念を忘れることができない現状にあるのである。それと同時に、人々は古来の川への敬虔な気持ちを忘れてしまい、川は工業廃水、生活排水、農業排水などによって、ごみ捨て場のように汚れ、その水が飲料にも不適な程汚染されるに至って、やっと本来の川という自然の大切さを再認識するようになり、川に対する畏敬の念を再び思い起こすようになったのである。

四―三　木の神・草の神

『日本書紀』一書第十に木や草の神に関する神名がみられる。

次生レ海。次生レ川。次生レ山。次生二木祖句句廼馳一。次生二草祖草野姫一。亦名二野槌一。
既而伊奘諾尊・伊奘冉尊共議曰、吾已生二大八洲國及山川草木一。

古代日本人は木や草といった植物に偉大なる生命力や再生力といったものを感じ、そこに神霊の存在を信じていた。この植物は、人類にとって非常に大切なものでもある。我々の生存に必要な酸素を大気中に放出し、あるものは食用として、そしてまたある種の植物は、染料、繊維に、さらには建築用材や薬用にと、古代の人々の生活になくてはならない貴重な存在であった。こういった恵みを与えてくれる植物に対する信仰がなされたことは、当時の人々にとって当然のことであったと考えられる。

また、これとは別に、社《やしろ》がまだ存在せず、社殿での祭祀が一般化する以前の時代、すなわち古代祭祀の形態として、巨樹が神の降臨する依代《よりしろ》、樹木が沢山繁茂する森は神が宿る神聖なところ、神奈備《かんなび》として神をお迎えし、神霊祭祀を営んでいた。

伊勢神宮の内宮には、正殿の中央床下に神聖な忌柱（心御柱）が奉建されている。この心御柱は、建築学的に構造上必要なものではない。なぜならば、屋根の重量は厚い板壁で支えられ

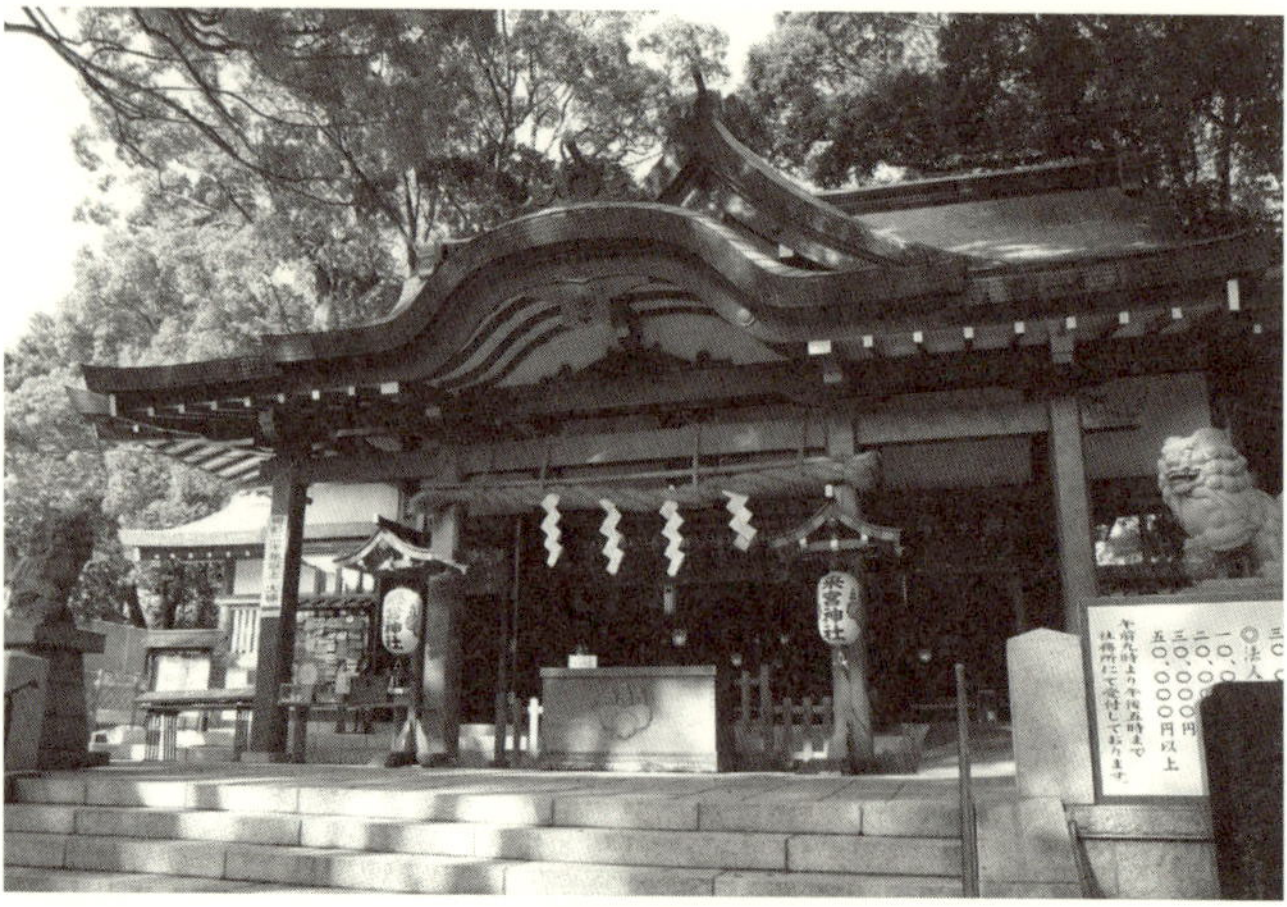

図 4-4　来宮神社（静岡県熱海市）

ているからである。しかし、持統天皇四年（六九〇）に内宮、同六年、外宮において第一回の式年遷宮が執り行われて以来、今日まで御遷宮の度に神宮の山から檜を伐り出し、この心御柱の奉建が厳修されており、古代祭祀の形態を残すものとする説もある。

木神《きのかみ》は、『古事記』では、久久能智神《くくのちのかみ》と記され、『日本書紀』では、句句迺馳と記されている。

静岡県熱海市に鎮座する来宮神社、兵庫県西宮市に鎮座する公智神社は、久久能智神を御祭神とする神社として知られている。

この木の神の久久能智神に続いて生まれた神が、草《かや》の祖草野姫《かやのひめ》である。『古事記』には鹿屋野比売神とある。

図 4-5　御神木、昭和 53 年当時（白幡天神社）

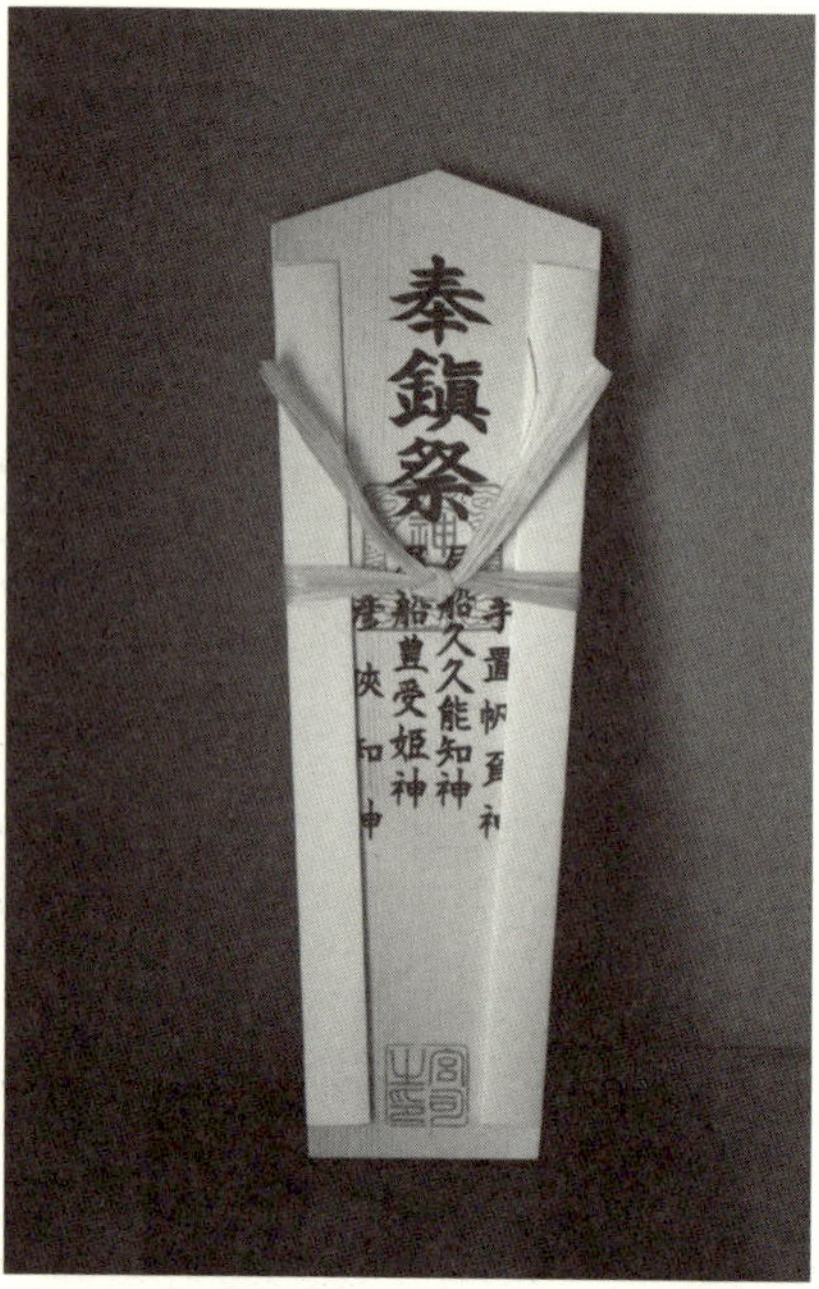

図 4-6　棟札（棟上時に棟木にそえる札）

草野姫を御祭神として祀る萱津神社は、愛知県あま市上萱津に鎮座されている。

民俗学者の折口信夫は、鹿屋野比売神を『延喜式』大殿祭《おおとののほがい》祝詞にある「稲霊」とされる屋船豊宇気姫命《やふねとゆうけひめのみこと》と同じ神とし、家の屋根を葺く草の神としている。同じく『延喜式』大殿祭の祝詞の注に屋船久久能智神は「木霊也」とあり、建築用木材の神と解釈している。

屋船久久能智、是木霊也、屋船豊宇気姫命登、是稲霊也、俗詞宇賀能美多癲、今世産屋以二辟木束稲一、置二於戸邊一、乃以レ米散二屋中一之類也、御名乎波奉レ稱利弖

（『延喜式』大殿祭祝詞）

古来、我国の建築は木造で、土台、柱、棟、梁などは主に木材をもってつくられた。また、屋根材としては、主に藁や茅などをもって葺かれたことより、この屋船久久能智神と屋船豊宇気姫命の神を家の平穏を守る屋船神として、建築工事に関する祭儀において祀られてきた。

四－四　山の神

山は古代の日本人が神と崇めてきたもので、今日でも信仰の対象として、その信仰の形態が多く残されている。山の形態はさまざまであり、あるものは天を突く程の厳しい高山であり、またあるものは標高一〇〇メートルそこそこの穏やかな低山である場合もある。そしてその

各々が古代人にとって神を感ずる存在であったのである。

我国は四方を海に囲まれ、陸地はというと、細長く弱々しく連なっている。そしてその細長い陸地の中央に馬の背のように急峻な山々が、さらにその下に低山が海に向かって連なり、最後にほんのわずかな平野があり、海に行きつく構造になっている。古代の人々は、このような山から海という立体的な世界において、神々はその外側の延長上から、あるものは天降り、そしてあるものは海を越えて来臨するものと考えていた。

山は、そのように神々しく人々の心の支えであった一方、人々に自然の恵みを与えてくれる存在であった。しかしその神々しい山も、火山の爆発、山崩れなど、ひとたび荒れ始めると、もう人の手には負えず、自然に山が鎮まるのを待つばかりといった恐ろしい存在でもあったのである。この災害については、工業的、土木的技術が著しく進歩した現在においても変わらないことである。昭和五九年に発生した三宅島の火山爆発では、熱く溶けた溶岩が噴出し、ふもとの家々は鉄筋コンクリート造りのものまで溶岩に埋めつくされてしまい、平成二六年の御嶽山の爆発では、一瞬のうちに山頂付近は火山灰によって覆い尽くされ、登山中の多くの人々が爆発によって飛ばされた岩石によって命を落とすといった、悲惨な光景を我々は目の当たりにしている。また、大都市近郊の小高い山々でも、高度成長期に次々と森が伐採され、その後宅地化が急速に進行した結果考えも及ばなかった土砂災害や洪水の発生が頻発するようになった。

このように、大きく変動する山の姿に古代の人々は、神を感じ畏敬の念をいだいてきた。山に対する信仰の形態には、高山に対する信仰においては、山が媒体となってその延長上のあるところから、神々が降臨されるところとする考え方と同時に、偉大なる山容や山の厳しい自然環境から、山自体を神とし信仰する捉え方の重複がある。また、一方の低山に対する信仰形態は、それればかりとはいえないが、多分に稲作農耕に関係するものと考えられる。ちなみに稲作は弥生時代に始まり、弥生中期には東北の仙台にまで伝播していた。本章四－二の水の神の項において述べたように、稲作には水が不可欠で、その水は、人々の住む里に近い山から川をつたって与えられる。水源は低山ということになり、そこを神名備山《かんなびやま》とする信仰の形態である。奈良県桜井市に鎮座する大神神社は、本殿をもたず、三輪山を神名備とし御神体とする代表的な社である。

図 4-7　三輪山（奈良県）

葦原の　瑞穂の國に　手向すと　天降りましけむ　五百萬　千萬神の神代より　言ひ續ぎ來る　神名火の　三諸の山は　春されば　春霞立ち秋行けば　紅にほふ　神名火の　三諸の神の　帯にせる　明日香の川の水脈速み　生ひため難き　石枕　苔生すまでに　新夜のさきく通はむ　事計　夢に見せこそ　劒刀齋ひ祭れる神にし坐せば

（『万葉集』）

その他、山に対する信仰の形態として、地域の境となる山への信仰も認められるところである。

この山の神は、『古事記』には、大山津見神《おおやまつみのかみ》と記され『日本書紀』では、大山祇《おおやまつみのかみ》と記されている。

この神を御祭神として祀る神社に、愛媛県大三島町に鎮座する大山祇神社や、静岡県三島市に鎮座する三島大社があり、また各地に山神社として祀られている。

四ー五　海の神

我国は周囲を海に囲まれた地理的条件の中に存在し、古代において、その海辺に住む人々にとって、海は生活そのものであったにちがいない。それは今日にもいえることである。そして海の民は、神に対する篤い信仰心をいだいていた。

この海の神については、本章四ー四の山の神の項で述べた神の降臨の形態とは異なり、海の向こうに常世といわれる理想郷が存在し、そこから来臨される「まれびと」であると柳田国男や折口信夫は説いている。

古来、海は山と同様、人々に多くの幸をもたらしてくれる大切な場であった。少なくなったとはいえ、今日でも日本人は摂取する動物性タンパク質の多くの部分を海の幸である魚介類に依存している。つまり海はこういった生存に必要な食物、また海の民の生活の糧を提供してくれる場であったわけである。一方で海は、時として大荒れに荒れ、人々に大きな被害をもたらす恐ろしい存在でもあることを古代の海の民は知っていた。
こういった海への観念は『万葉集』の随所に認めることができる。

……海若《わたつみ》の　神の女《おとめ》に　たまさかに　い漕ぎ向かひ　相誂《あひあとら》ひこと成りそかば　かき結び
常世に至り海若の　内の　神の宮の　内の重《へ》の　妙《たえ》なる殿に　携はり　二人入り居
て　老いもせず　死にもせずして　永き世に　ありけるものを　世の中の愚人《おろかひと》の……
（『万葉集』）

わたつみの恐き路を　安けくも　無く悩み来て　今だにも　喪無く　行かむと壱岐の海人
の　上手《ほって》の　卜部《うらべ》をかた焼きて　行かむとするに　夢《いめ》の如　道の空路《そらじ》に　別れする君
（『万葉集』）

図 4-8　南房総、館山市香取付近の海岸

　このように古代の日本人は、海の神を信じ、海の彼方の常世から、海を渡って来臨する海神に篤い信仰を寄せていたのである。

　『古事記』において、伊邪那岐神と伊邪那美神により、海を司る海神である大綿津見《おおわたつみ》神が生まれたと記され。後に伊邪那岐神が黄泉の国から逃げ帰り、筑紫の日向の橘の小戸の檍原《あはきはら》において禊祓をしたときに生まれ出た、底津綿津見神《そこつわたつみのかみ》、中津綿津見神《なかつわたつみのかみ》、上津綿津見神《うわつわたつみのかみ》は、安曇《あずみ》の連《むらじ》達が祖神と祀る神で、同じく底筒之男神《そこつつのおのかみ》、中筒之男神《なかつつのおのかみ》、上筒之男神《うわつつのおのかみ》の三柱の神は、摂津国一宮住吉大社の御祭神として航海等の海上守護の神として尊崇さ

図 4-9　住吉大社（大阪府）

れている。

『日本書記』では、綿津見神は、少童命《わたつみのみこと》として記されている。

大綿津見神を御祭神として祀る神社として渡海神社が千葉県銚子市に鎮座しており、全国の海神社や綿津見神社も概ねこの海神を御祭神として祀っている。また大綿津見神の御娘の神である豊玉姫命《とよたまひめのみこと》を御祭神とする海神社もある。

底津綿津見神・中津綿津見神・上津綿津見神の綿津見三神を御祭神として祀る神社として福岡市東区に鎮座する志賀海神社が海上安全、豊漁の守護神として信仰をあつめている。

安曇の連は、北九州志賀島一帯を本拠地とする、

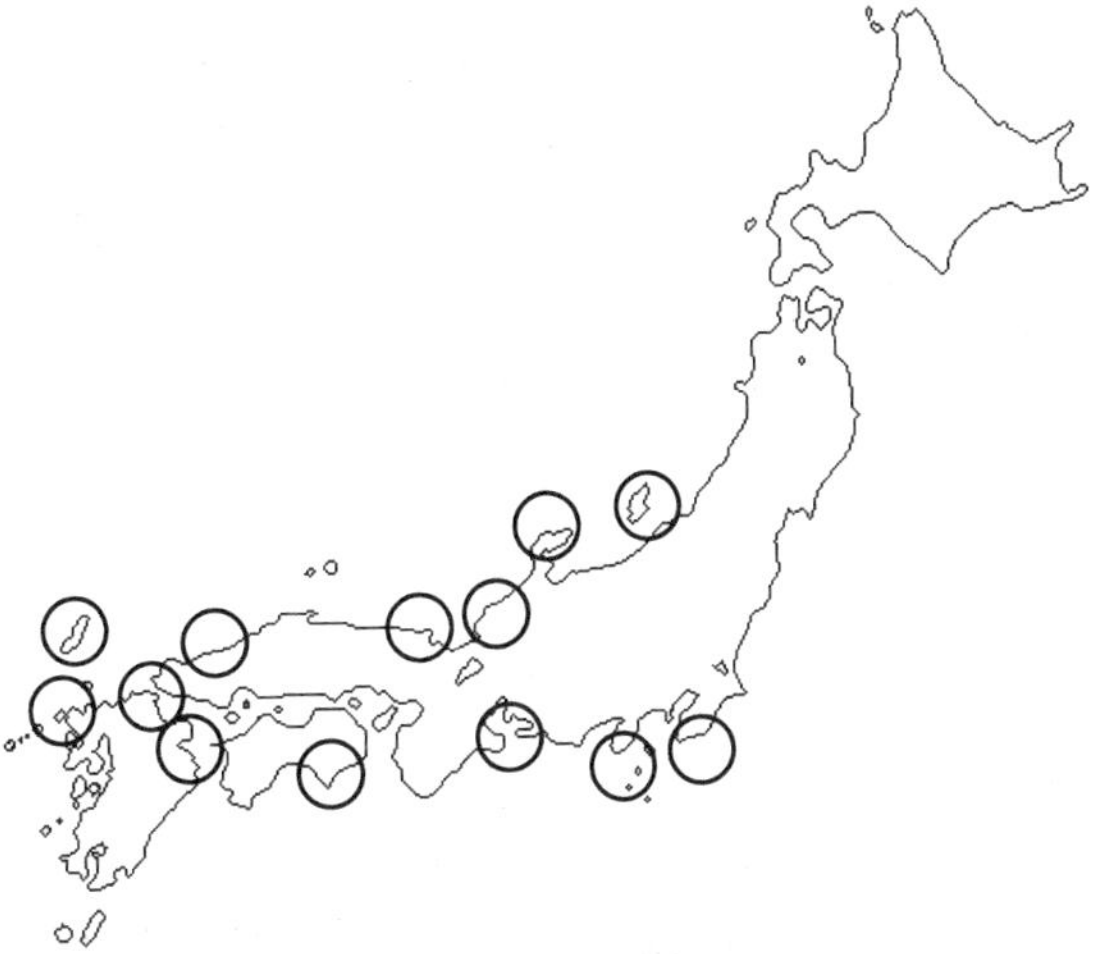

図 4-10　海女の分布図

海に生きた海人部《あまべ》の民を総括し、後に瀬戸内海を経て四国、熊野、志摩、伊勢、尾張から黒潮洗う伊豆半島や房総半島に至り、一方で日本海側では、山陰、若狭、能登を経て佐渡へ、また対馬、壱岐、隠岐にも進出しその文化を伝えた。さらに海岸部のみでなく内陸の山間部までも入り込み、各地に安曇氏縁の地名を残している。海部郡、安積、安曇、渥美等がそれである。律令制の成立後、安曇氏は、内膳司の長官である奉膳に任ぜられた。

　三世紀に編纂された中国の正史『三国志』のいわゆる「魏志倭人伝」に、「人好捕二魚鰒一、水無二浅深一、皆沈没取レ之」と記されているが、我国においては、古代よりこのような特殊な漁

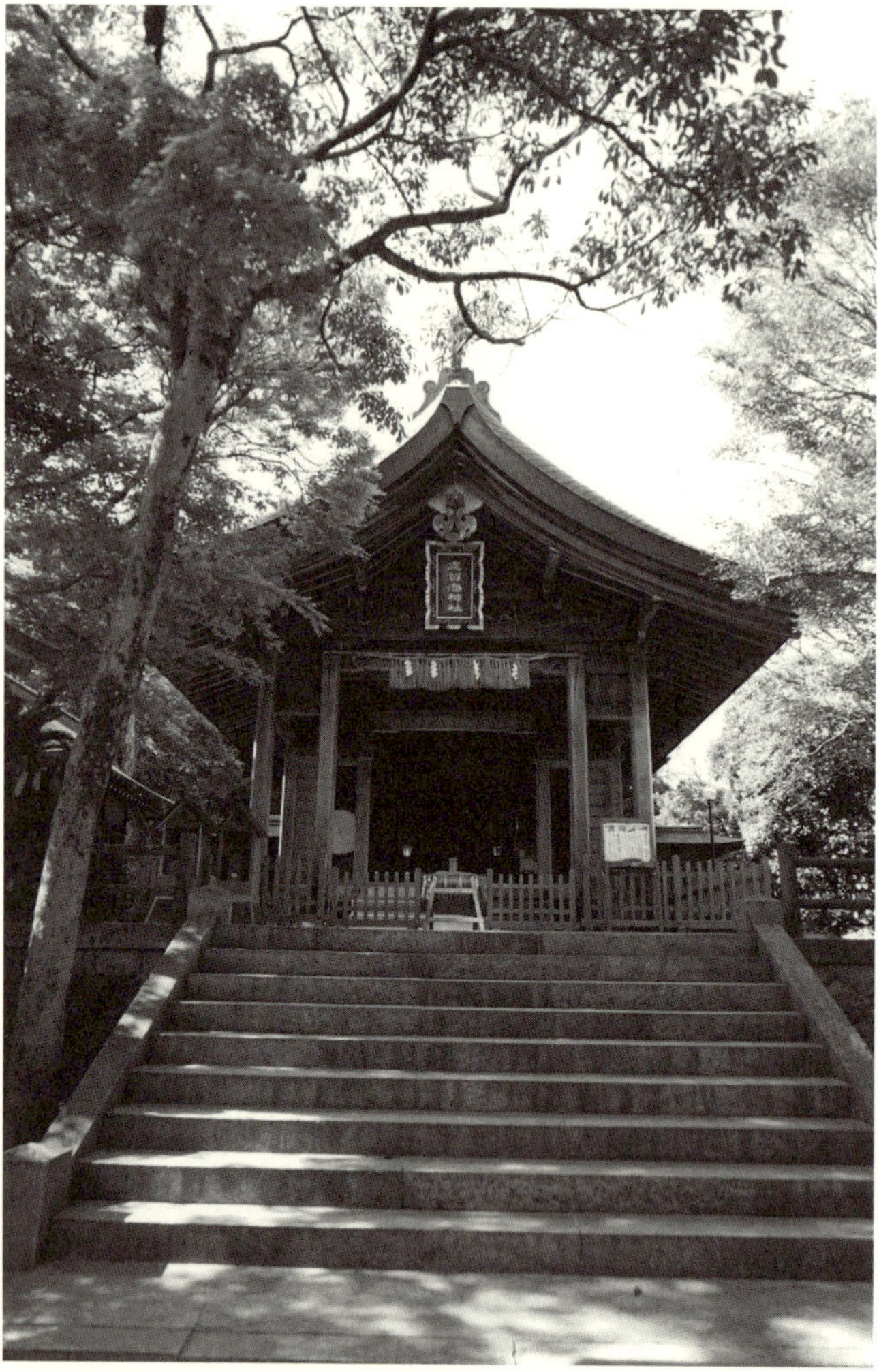

図 4-11　志賀海神社（福岡県）

獲法をもった海人部の民達が北九州一帯にいて、それらの人々を総括する安曇氏の祖とする綿津見三神を篤く信仰していたことを覗うことができる。

四―六　土の神

土壌は雨水を保持し、そこに草や樹木が茂り森林を形成し、多くの動物たちの棲みかとなるばかりか、穀物等食料を育んでくれる人類の生存に不可欠な存在であることはいうまでもない。『古事記』によると伊邪那岐《いざなぎ》・伊邪那美《いざなみ》命が国生みに続き、次々と神々を誕生させるが、野の神である鹿屋野比売神《かやのひめのかみ》（別名・野椎神《のづちのかみ》）もその内の一柱である。この神と大山津見神《おおやまつみのかみ》と持ち分けて生んだ神の中で、天之狭土神《あめのさづちのかみ》と国之狭土神《くにのさづちのかみ》の二柱の神がすなわち最初の土の神である。

　大山津見神、野椎神　二　神、野山に因りて、持ち分けて生みませる神の名は、天之狭土神、
次に国之狭土神、次に天之狭霧神、次に国之狭霧神、次に天之闇戸神、次に国之闇戸神、

次に大戸惑子神、次に大戸惑女神。〔天之狭土神より大戸惑女神まで、并せて八神。〕
（『古事記』上巻）

また、『日本書紀』には、伊奘冉尊が亡くなるときに埴山姫《はにやまひめ》を産んだと記され、『古事記』では、波邇夜須毘古神《はにやすびこのかみ》・波邇夜毘売神《はにやすびめのかみ》を産んだと記される神が土の神として挙げられる。これらの土の神は、字義から推察するなら、埴粘《はにやす》が祭器具を土器でつくる粘土のことで神聖な土の男女神といえる。

神話の中に土の神として「土之御祖神《つちのみおやのかみ》」をみることができる。伊勢の神宮の内宮の摂社として、また外宮の境内には豊受大神宮の別宮に「大土之御祖神」を御祭神として祀られている。神宮において六月と一二月に執り行われる月次祭と一〇月一七日（旧暦九月一七日）の神嘗祭は、三節祭といって年中三度の大祭である。神嘗祭は、その年の新米を天照大神《あまてらすおおみかみ》に供える祭であるが、先ずは「大土之御祖神」を御祭神とする神宮の摂社である「大土之御祖神神社」に新米をお供えした後、神嘗祭を執行する習わしになっている。

図 4-12　伊勢神宮　土宮（神宮司庁提供）

図 4-13　伊勢神宮摂社　大土御祖神社（神宮司庁提供）

稲が順調に育ち豊作となるための条件の一つに肥沃な土壌の存在が必須の条件となる。神宮にお供えする稲を作る田を神田というが、それは五十鈴川周辺にあり、そこに「大土之御祖神社」が祀られている。川は嵐等で大雨をうけると、里近くの田がある低地に洪水をもたらし、稲やそこに住む人々に大きな被害を与える恐ろしい存在になるが、一方で洪水により川上より肥沃な土壌を耕作地に運び入れる効用もある。適度の洪水は人々に大きな恵みをもたらすことを知り、古代人々はそこに深刻な洪水が発生しないよう土の神を祀ったものと思われる。因みに外宮では、大治三年（一一二八）度会川の堤防の守り神として「土宮」を別宮に加えたとする記録が残されている。

第五章　鎮守の森

五－一　森林の働き

近年地球的規模で森林の重要性がさけばれるようになった。緑を代表するものは樹木や草であり、これらが集中するところが林や森ということになるわけである。我々人類は、この地球という惑星に棲む生物であり、その誕生は今からおよそ四〇〇万年から五〇〇万年前とされている。食物を摂取し、排泄し、呼吸することによって生命を保っている生物である。人間が呼吸するということは、おおざっぱにいうと、地球の大気を形成する成分の一つである酸素を吸って二酸化炭素を体外に排出することで、このサイクルの中に樹木をはじめとする緑が存在し関与している。すなわち、人間―緑―大気（酸素）―人間といったサイクルということができる。大気は、前述のように窒素、酸素、アルゴンなどの混合気体であり、酸素の占める割合は約二一％である。この酸素は緑色植物の光合成によってつくり出されている。

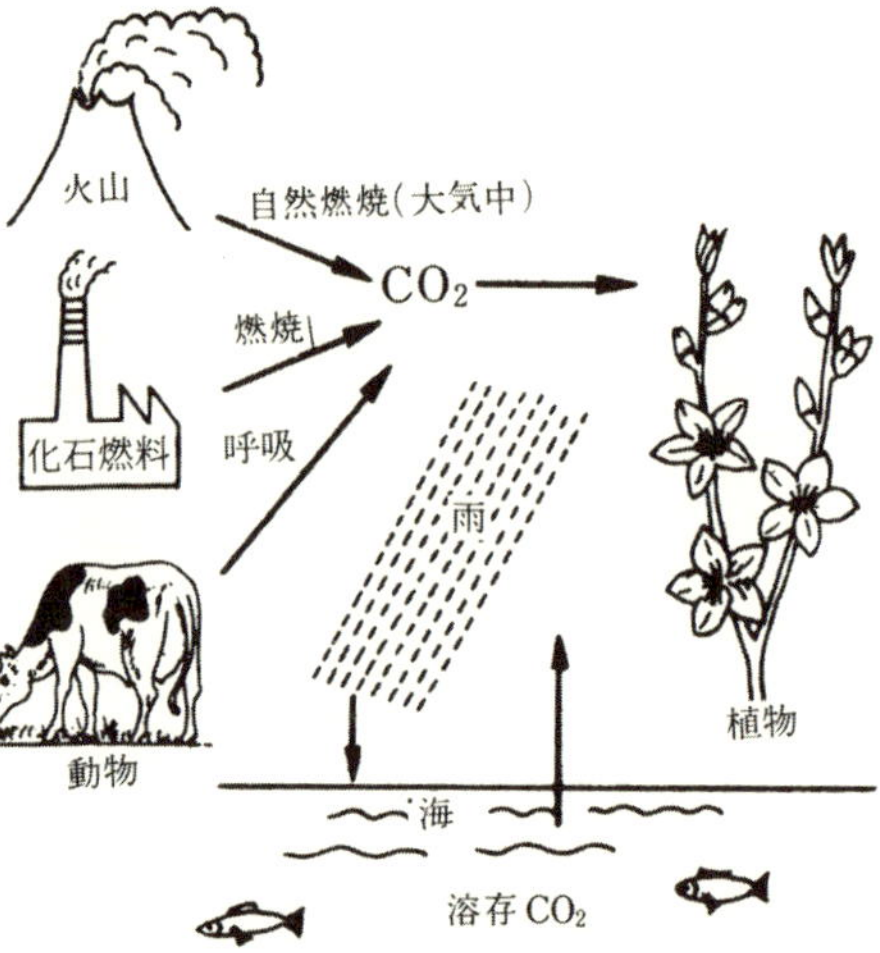

図 5-1　環境中における二酸化炭素の循環

さて一方の二酸化炭素の大気中濃度は有史以来ほとんど変化がないか若干の増加をみる程度であったが、この百年の間で本来大気中に存在する量の三〇％ほどの急速な増加を示すにいたっている。

森林は土壌流出防止機能をもっている。森林の下には落葉や枯枝などとともに、昆虫、ミミズ、モグラといった小動物の行動による小空隙をたくさん有する土壌をもっている。この空間に降った雨水が大量に蓄えられるのである。蓄えられた水は、緩やかに流れ出し、地下水や河川水となる。森林の土壌が雨水を大量に保持し、ゆるやかに流し出す機能を「水源涵養機能」と呼んでおり、自然が灌漑作用をしているのである。これが、森林が「緑のダム」といわれる理由である。土壌は岩石の永年にわたる風化作用をはじめ様々な自然の営みによって形成されたもので、特に樹木の落葉や根の働きは土壌形成に重要な因子となる。したがって森林伐採などの破壊が大規模に行われると、その下に出来上がっていた豊かな土壌は、直接に日光にさらされることになり、乾燥し、草原や荒れた土地を生みだすことになる。草原は森林土壌に比べ水の吸収速度は四分の一ほどに落ちてしまう。水のしみ込みづらい土地は、森林土壌のように大量の雨水を蓄えることができず、地表を流れ、同時に表層の土壌を洗い流してしまい、一層荒廃した土地をつくってしまうことになる。その他にも森林はいろいろな機能をもっている。風や火を防ぐ働きをとともに水質浄化機能をもっている。

　昔から漁民の間には、良い漁場の背後には深く豊かな森林があると信じられてきた。所謂〝魚付き林〟である。植林をした杉や檜の森ではなく、落葉する広葉樹の森でなくてはならない。海中には動植物プランクトンが生息し、それを餌にする小魚、小魚を餌にする大型の魚が回遊している。すなわち海中での食物連鎖が成立しているのである。この食物連鎖の低位にある植物プランクトンの成長には、太陽光、窒素、リン、カリウム、鉄などの栄養素の存在が不可欠で、特に鉄は不足しがちになる。その栄養素を海水に補うのが海の背後にある森なのである。また森林の下には、落ち葉などの有機物が徐々に分解してでき上がった黒褐色の腐植土があり、その中の成分であるフルボン酸鉄が雨水に溶け、海に流れ込み、不足する鉄分を補うわけで、結果として植物にとって栄養豊かな海になり、植物プランクトンの増殖に繋がり多くの小魚が集まり、多くの大型魚がその小魚を求めて集まってくるので良い漁場となっていくのである。

〝磯焼け〟と呼ばれる現象も森林破壊の結果もたらされたものといえる。波の荒い磯浜で起こる現象である。沿岸の海中にある磯は、昆布、ワカメ、アラメなど海藻の生育の場である。海岸の背後にある森林伐採がなされると、森林の下の土壌が直接日の光に晒され乾燥し、雨は表層土を流し出し、流れ出した土砂は、川を伝って沿岸海域へと流出することになる。その土砂が海中の磯を覆ってしまうことにより磯に海藻が生育しなくなってしまう。海藻が生育しなくなるとそれを餌としていたウニや貝類の漁獲量も減少し、魚の産卵も妨げられてしまう。このような現象を磯焼けと呼んでいる。近年、漁業者は沿岸海域の後背地の森の大切さを認識し、それを保全し、豊漁祈願を山に祀られる神社で山の民と共に行うところもでてきた。また古くより伊勢神宮の御神饌として鰒《あわび》を捧げる志摩国の神戸すなわち鳥羽国崎あたりの海の民は、磯にワカメが生育すると鰒が採れることをよく知っていて、ワカメの育成に伝統的に努力し、今日でもワカメの増殖や鰒の豊漁祈願の神事がなされている。前述のようにワカメの増殖には森林の下の土壌からの栄養素の海への供給がなくてはならず、志摩の沿岸海域の後背には豊かなウバメカシなどの森がみごとに形成されているのである。

森林のもつ機能の一つに、肉体的、精神的癒しの場としての機能がいわれて久しい。人間もまた自然の一員であることより、本来自然のリズムに従って行動しなくてはならないところであるが、現実の世界ではなかなか叶わず、知らず知らずのうちに精神的なストレスを身体にためてしまうことになる。

〝森林浴〟は、森林という大自然のなかに入ることにより本来の人間性を取り戻し活力をみなぎらせることを期待するもので、昨今多くの人々が登山だけではなく森を散策するようになった。著名な米国人であるＨ・Ｄ・ソローは森について次のようなことをいっている。

僕が森へ行ったのは、死ぬときになって、自分は生きていなかったなどと思いたくないからだ

すなわち、森に入ることによって本当の自分に逢うことができ、森という自然に触れることによって自分自身が生きていることを再確認でき、緑に包まれることが生きるうえに非常に大切なことと悟っていたのである。

緑の必要性は、科学的にも根拠がある。我々が山に、あるいは身近な都会の神社の森に足を踏み入れると、まず緑の美しさに感嘆する。それは人間の目が、光の波長でいうと五五〇ミクロンあたりに特に敏感であるということである。次に、樹木から発散する匂いを感じることができる。この匂いの成分を化学的に分析すると、テルペン類の特有な香りであることがわかり、人間の活動を活発にすることが解明された。我々が日常生活の中で疲労を感じてくると、瞳孔が開いたり縮んだりする反射速度が大変緩慢になってくる。一方、森の中で観察すると、反射速度は速く、樹木の全くない部屋における実験結果の二倍程の速さになるという研究結果があ

る。この香りの源のテルペン類は旧ソ連のB・Pトーキンが一九三〇年頃に提唱した〝フィトンチッド〟の一種で、樹木が発散する化学物質で、殺菌、殺虫効果のある物質と考えられていた。

五－二　森林の現状

森林のもつ機能について述べてきたが、人類の生存になくてはならない森林が今どのような状況に置かれているかというと、すでに第二章にも述べたが、地球規模で森林が失われている現状にある。人工衛星によって地球を高高度から観察すると、大都会の照明と油田地帯における炎が明るく確認されるというが、もう一つの光源は、発展途上国の一部でいまだに行われている焼畑農法に関わる森林を燃やす炎なのである。我国では特別な例を除き全く行われなくなった焼畑農法であるが、東南アジアでは二〇世紀後半まで、南米では今日に至るまで、その地域の人口の急激な増加とともに大規模に行われるようになった。

当時、タイでは毎年一〇万ヘクタールの、ミャンマーでは一四万ヘクタール、フィリピンではルソン島の森林がほとんど破壊され、ボルネオ島にまで破壊の手が伸びようとしていた。その破壊の要因は木材の輸出と焼畑農業にあったのである。現在タイにおいては、年間三〇〇ヘクタールの、ミャンマーでは三万ヘクタールの森林破壊面積に抑え、森林破壊防止に努めているところである。因みに国土に占める森林面積はというと、二〇一〇年の統計でタイが三七％、ミャンマーが四八％である。今日最も大規模に森林破壊を行っている国としてブラジルがある。二〇〇〇年から二〇一〇年までの一〇年間で約二六〇万ヘクタールもの森林破壊を行っている。破壊の要因の最も大きなものは焼畑農業といわれている。ここでは東南アジアとブラジルを例に挙げたが、アフリカ諸国でも南アメリカ大陸の国々と同規模の森林破壊が行われているのである。

この大規模な森林破壊は、当事国の経済に関係する問題でもあり、抜本的な食糧政策を施さない限り防止することはできず、森林は農民達によって伐採され焼き続けられることとなるであろう。

森林破壊は、一方で土壌を急速に侵食し、おし流された土砂は河川をとおして海へと注ぐ。その過程で、河口近くの川床に堆積し、川床を著しく押し上げる結果をもたらすことになる。

かってガンジス河河口では、ヒマラヤの奥地の森林破壊に伴い、山地の土砂が流出し、その土砂が川床に堆積し、毎年二〇～三〇センチメートルも川床が上昇していると報告された。その結果、これまで何の影響も与えなかった降雨量でも洪水を発生させ、流域の穀倉地帯に毎年のように深刻な被害をもたらすようになった。アメリカにおいても、かつて森を破壊してつくった耕地に大規模綿花栽培や大豆栽培を行っていたが、栽培に適した豊かな土壌は、大雨のたびに少しずつ周辺の河川へと流出し、遂には耕地の表土に代わり下層土が表面に現れるようになり、もはやそこには農作物は育たず、畑として機能しない荒地と化してしまったという問題が発生した。このように人類はいろいろな経験をとおして森林の重要性を学んだのである。やはりアメリカにおいて、洪水防止のため、ダムをつくってきたものの、結局のところ、森林の再生が土壌浸食を防止することにもなり、さらに洪水防止にも機能することにより、植樹をは

アジア	2235
北アメリカ	188
南アメリカ	－3997
ヨーロッパ	676
アフリカ	－3415
オセアニア	－700
中央アメリカ	－248
世界計	－5261
日本	10

表5-1　世界の2000年から2010年の間の森林面積の変化

じめとし森林育成をバランスよく計っているのが現状である。また昨今では世界各国において地球温暖化の問題に直面し、ますます森林の保護育成の必要性に思いいたったところである。

本来森林は、伐採してもやがて再び元の森林が再生する仕組みになっている。しかしそれには永い年月が必要となる。この森林再生の過程を温帯地方を例にして述べるなら、まず森林が再生しようとする土壌に種子が運ばれ、この種子から草木群落が形成され、次に低木群落が形成される。さらに時の経過に従って徐々に高木群落の形成へと推移していくわけである。通常この草木群落から高木群落形成までの期間は、およそ二五〇～三〇〇年程と考えられている。しかしながら先にアメリカの例にも示したが、森林伐採後の土壌において、土壌流出速度の速い地形条件であるなら、植物はこのような過程を踏むことができず、森林再生が叶わない場合もある。すなわち森林再生は、それを再生させる環境条件が整っていなければ不可能であり、森林とても地球生物の生態系を形成している一つの構成因子であることを忘れてはならないのである。

五－三　鎮守の森

このように、今日森林は、大気の汚染により、またいろいろな目的により伐採され、地球上から急速に減少している現状にある。古代、日本人は、第四章に述べたように、樹木に神霊の存在を信じ、巨木は神の降臨する依代、樹木の沢山繁茂する森を神が宿る神聖なところとし、榊などの常磐木を立てた石組の斎場である神籬磐境《ひもろぎいわさか》を設け、そこに神霊を奉祭していたのである。おそらくこのかたちが、古代の神社の姿であったのではなかろうか。すでに『万葉集』においても神社を〝もり〟とよませてもいたのである。

哭澤《なきさは》の神社《もり》に神酒《みわ》するゑ禱祈《いの》れどもわが王《おほきみ》は高日知らしぬ

（『万葉集』）

その後、森の中に社《やしろ》を設け神霊を奉祭するようにもなったが、社殿の成立の時期は、六世紀以降とされている。御祭神の鎮まる建物を本殿と呼ぶが、現在でも本殿がなく拝殿の背後に神体山が聳え、その山中に磐境《いわさか》があり祭祀を営む神聖な場所となっている神社もある。奈良の大神神社は三輪山が神体山であり、古代の祭祀の形を残している神社である。最も古い社殿建築様式として『日本書紀』に「汝は天日隅宮に住むべし今まさにつくりまつらむ」、「千尋の栲縄を以て百八紐に結ひ、獵柱は高く太く、板は広く厚くせん」と記されているように、出雲大社の本殿である大社造、次に大社造を進歩させたと考えられる、大阪府堺市に鎮座している大鳥神社の本殿、大阪府の住吉大社の本殿、高床式唯一神明造の伊勢の神宮内宮正殿がある。これら四つの建築様式は、いずれも簡素なものである。

こうして日本各地の郷土の森の中に神社が祀られ、その森を「鎮守の森」とし、神聖なところで神を迎え、神恩に感謝し、神慮を和める慰霊の祭祀を行ってきたのである。

神が宿る森や山は神厳なる自然林で禁足地とされていた。しかしながら、七世紀あたりには遷都や大規模な寺院建立、宮殿の建築などがなされるようになり、身近な森林はそれに利用される木材供給地とされることになった。そのような時代背景の中で神の鎮まる森を伐採から守る伐採禁止令が朝廷より発令されていたことが『類聚三代格』にみることができる。

太政官苻

應レ禁二制春日一神山之内狩獵伐レ木事

承和八年三月一日

このことは、太古の日本人達が森にいだいた観念を、律令体制下においても朝廷が認知し大切に保護していたことがわかる。また近世においても、諸国の大名が神社林の伐採を禁止し森を保護してきたことにも、神の森の崇高さ、森を神の宿る神聖なところとした日本人の古来からの森観念の基本的な継承が認められ、今日、全国各地の都市化が進んだ町の中にも鎮守の森が見事に麗しく現存している光景を認めることができる。

鎮守の森は、我々日本人一人一人の心の故郷なのである。生まれ育った村や町にはそれぞれ歴史的風土があり、その地域社会の中心に樹齢何百年という樹木が鬱蒼と茂った森があり、神社が鎮座されている。その鎮守の森の祭祀に、集落の人々が老いも若きも集い、集落の共同体の一員としての紐帯を深め活性化し、安心して生活できる、こういった構図が古来成り立っていたわけである。

鎮守の森の樹種を論じることもあるが、本来、草木に神霊の存在を認め、森は神の宿る神聖なところとし、鎮守の森として崇め大切にし、共同体の核としてきたわけであるから、森を構成する樹種を論じるのは全く意味のないことである。日本のような気候環境にあるところでは、所謂草本群落から原生林（自然林）が形成されるまでの期間はおよそ二五〇年〜三〇〇年といわれている。古代人は、このように永い年月を経てできあがった森を神の宿る神聖なところとし、その中に榊のような常磐木をたて石組の斎場を設け祭祀を営んでいたわけで、自ずと神奈備を形成する森の樹種は、それが置かれた地方に適した樹種になることは自明なことである。それが南方系なら楠やタブなどの広葉樹が多く茂った森となり、北方系なら杉、ヒバ、などの針葉樹が主な樹種になるのである。それでこそ鎮守の森は故郷の風景であり、心の拠りどころとなるのである。

伊勢神宮では、神路山、島路山、前山などを含めて、実に五六〇七ヘクタールもの広大な境内を有し、アカマツ、杉、檜などの針葉樹から椎、楠、椿といった類まで、草木類は六〇〇種、シダ類も一三〇種もの多種にわたり森を形成している。

同様に日光二荒山神社では、三四〇〇〇ヘクタールにおよぶ神域をもち、男体山を神体山とし、この地域に適したカラマツを主とする針葉樹林で覆われている。石川県の白山比咩神社は三〇〇〇ヘクタールの神域を有し、ブナ、白樺、ハイマツなどの原生林を残している。全国各地に祀られている神社本庁包括の八万数千の神社もその大部分の境内が樹木によって覆われているのである。このような神社林や鎮守の森は、我々に心の安らぎを与えてくれるばかりか、別の意味で今日、ある森は水源涵養保安林として、またある森は、土砂流出保安林として指定され、なくてはならないものになっている。正に神の坐ます神聖なところとなっているのである。

西欧の文明は、森という自然を破壊し文化を育んできたといっても過言でないが、我国では木を植えることで文化を育ててきたといえる。

初五十猛神、天降之時、多将二樹種一而下。然不レ殖二韓地一、盡以持歸。遂始レ自二筑紫一、凡大八洲國之内、莫レ不三播殖而成二青山一焉。

（『日本書紀』神代上第八段）

『日本書紀』の記述にあるように、五十猛命《いたけるのみこと》、この神は、素戔嗚尊《すさのおのみこと》の御子神であるが、素戔嗚尊が追放された高天原から、父神がこの御子神を連れて沢山の樹種の種をもって初め新羅国へ天降ったのだが、その地では植えずそのまま持ち帰り、筑紫の国から始めて日本中に種を播き、どこにいっても青山でないところはないという程にしたとある。このように神話にもみることができるほど、いかに古代より日本人は森を大切にし身近なものとしていたかがうかがえるのである。さらに五十猛命はその功績から有功の神とされ、この神が紀伊の国に所坐す大神なりと記されている。また、素戔嗚尊は『日本書紀』の中で次のようにいっている。

一書日、素戔嗚尊日、韓郷之嶋、是有㆓金銀㆒。若使吾兒所御之國、不㆑浮寶㆒者、未㆓是佳㆒也、

（『日本書紀』神代上第八段）

新羅国には金銀の宝があるが、我国には舟が無いのは良くないといって、髯を抜き散らすと杉、胸毛からは檜、尻毛からは槙、眉毛から楠と各種の木を生み出し、各々檜は瑞宮材、杉と楠は船材、槙は棺材とするよう定めたとある。素戔嗚尊の御子は五十猛命一柱でなく、命には

大屋津姫命《おおやつひめのみこと》と枛津姫命《つまつひめのみこと》の妹たちがおり、それら三柱の命たちが力を合わせて木種をよく播きほどこしたとある。

この五十猛命は『古事記』には大屋毘古神《おおやびこのかみ》として記されており、後に紀伊国に鎮座する伊太祁曾《いたきそ》神社に祭神として祀られている。

このように日本人は、樹木に対して特別な感情をもち、森林を伐採しなかったのではなく、伐採し木材として利用していたことは明白であるが、植樹を怠りなく行って森林の育成を計ってきたのである。

そのような文化的背景をもっている我国では、近年に至っても国土のおよそ七〇パーセントが緑に覆われており、地球規模で森林が消滅しているなかで稀有な国ということができる。因みに国土面積に占める森林面積の割合からみると、フィンランドに次いで世界第二位の森林国である。しかし我国においても大都市では、森林らしい森林はもうほとんど残っておらず、見ることができない状態にある。我国の大規模な森林破壊に関しては、既述のように、七世紀から八世紀あたりに行われた遷都に伴う宮殿建築や大寺院の建立などに、また、産業に関係するところでは、出雲地方に起こった〝たたら製鉄〟技術に関した還元剤として、木炭を大量に使用することより近隣の森林の大規模伐採が行われた歴史がある。

近年においては、昭和三三年から四八年にかけての高度経済成長時代に、昔より森林地帯として有名な長野県から岐阜県にかけてのいわゆる木曽檜林では、平均樹齢二八〇年の檜の林が五六〇五万七千平方メートルも伐採され、特に岐阜県側のある山では、標高千メートル以上に生育していた樹木は尽《ことごと》くといってよい程伐採されたのである。そして当時伐採跡地には笹がびっしりと蔓延《はびこ》り、それと同時に沢はいたるところで崩壊し続けることになったといわれている。さらに笹が密生すると、そこに檜の稚樹を植林しても、風に揺れる笹の葉によってその成長過程の枝が擦り切れてしまい成長が止まってしまうこともわかり、その防止のために笹の刈り取り作業も必要となり、森林再生には大きな手間が掛かることとなってしまった。一方大都市周辺の森林はというと、住宅や工場用地として、また、ゴルフ場などレジャー用地として開発という名のもとに急速に破壊されてきた。さらに古代より人々に崇められ大切に守られてきた鎮守の森さえも利便性の追求のためと称する道路建設や種々の大型土木工事推進のため破壊されるという事態が全国各地で発生したのである。古来よりの日本文化の根幹であり、地域社会の紐帯の核とされ、人々が集い、心の安らぎを得た神社を象徴する鎮守の森が破壊される危機にさらされてきたのである。このことは、すなわち日本文化の喪失に繋がることでもある。森という自然の破壊は、その中に木の文化を育んできた日本人の心の荒廃をもたらすことになることはいうまでもない。物質的な豊かさを追求するあまり、古来からの日本人の生き方に大きな変化をもたらしたのもこの時期である。

日本人は森に関しては、木霊《こだま》といって樹木に神霊が宿るものとし、信仰の対象としてきたのである。こういった信仰にもとづいて、神社の境内は樹木に覆われ、この森を鎮守の森と呼び、神聖なるところとしてきた。日本人の木への特別な愛着は、ただ単に国土が古来森に覆われていたからというものではなく、神が宿るところとした観念にあるのであろう。そしてその神が身近におられるという感覚は、人々の心に大きな安心感をいだかせたのではないだろうか。現在、科学の進歩によって耐久性のある建築材料が出現しても、我国における建築材料の主力は、いまだに千数百年前と同じ木材にあるという事情がそれを示しているのではなかろうか。外観や構造がコンクリート造りの建物であっても内装材には多く木材を用いている光景をよく認めることができる。我々日本人は、木肌のもつ暖かさを感じる感性を心のどこかに秘めており、また木には人間の寿命が決して及ばない数百年もの永い年月、厳しい風雪に耐えてきた年輪がきざまれている。そこに偉大な霊力を感得し、その木材を住居材料に用いることは、神を身近に感じる安心感と自然との融合を良しとする日本人の心情に合致する文化なのである。

視点を変えて神社境内の構成を考えてみるならば、まず境内には種々の構築物がある。これら構築物を除いた空間はおおかた樹木によって覆われている。神社にとって森はなくてはならないものであり、『万葉集』では杜《もり》を社と読ませ、太古には杜は神社そのものであった。すなわち樹木に覆われた境内は神が鎮まる神聖なる空間であり、鎮守の森として共同体の人々の紐帯の場であったのである。

鳥居をくぐって神域に入ると両側を自然の美しさを保つ林に囲まれた参道が続き、その奥に神門、手水舎、社務所などが配置される清らかで雅ている区域が存在し、さらに参道を進むと拝殿、祝詞殿、神饌所などが配置されている区域があり、その奥には神が鎮座する本殿が配置されている。本殿の周りは瑞垣で囲われ全く神聖な区域となっている。本殿や拝殿が配置されている区域の両側面は森となっており、これらの建築物を包み込むように荘厳さを醸し出している。また本殿の背後は背景林とよばれる山のような森で、両側面の森と一体となってますます神聖な空間を形成しているのである。

我々は神社の神域に入り神に接するにあたっては、身も心も清められていなくてはならない。事実この森に囲まれた参道を進んでいくにつれ、我々は自ずと清々しい気持ちになり、人本来の姿を取り戻したような感情を覚えるものである。遠くに近くに鳥の囀《さえず》りを聴き、風に木々の葉のこすれる音を聞く、そして森からは樹木の発する独特の芳香を感じ、適度な湿気が肌を通して感じられる。拝殿に到達するころには、すっかり清々しく神々しい気持ちになる感情を大方の日本人なら経験していることであろう。

都会における神社の森は、都市生活を余儀なくされている現代人に、残された心安らぐ緑の空間であるといっても過言ではない。そしてこの空間は、疲れ果てた人々の心を癒やし活力を与える、過去においても鎮守の森がそうであったように、現代においても人々の心の支えとなっているのである。

今、地球の自然環境は、人類によって急速な変化を余儀なくされ、人類の生存に不適当とも思われる環境が生み出されつつある。このような現状に直面し、地球的規模で環境破壊問題が大きく懸念され、自然保護が真剣に考えられ議論されるようになった。このような状況の中、今こそ我々は、古来、日本人の祖先が自然に神を認め、畏敬の念をいだき、信仰の対象とし、自然と共に生きてきた誇るべき素晴らしい日本の文化を、次の世代に、そして世界の人々に伝えていかなくてはならない。

参考文献

坂本太郎、家永三郎、井上光貞、大野晋 校注『日本古典文学大系　日本書紀　上』岩波書店、昭和四二年
日本思想研究会編『日本の心』国文社、昭和四五年
国史大系編修會、黑板勝美『新訂増補　国史大系類聚三代挌』吉川弘文館、昭和四七年
Dr Kurt Egger 他『Wie funktioniert das ?』昭和五〇年
松前健『講座日本の古代信仰』學生社、昭和五四年
山内泰明『神社建築』神社新報社、昭和五七年
岸本芳雄『神道入門』建帛社、昭和五七年
鈴木啓輔『自然と神そして日本人』成隆出版、昭和六〇年
斎部広成 撰、西宮一民 校注『古語拾遺』岩波書店、平成二年
鈴木啓輔、奥谷忠雄『資源と化学』三共出版、平成四年
青木和夫、稲岡耕二、笹山晴生、白藤禮幸 校注『新古典文学大系　続日本紀三』岩波書店、平成

四年
國學院大學日本文化研究所編『神道辞典』弘文堂、平成六年
柳田國男『柳田國男全集十三』筑摩書房、平成一〇年
鈴木啓輔『わかる環境科学』三共出版、平成二四年
環境省総合環境政策局編『環境統計集』博秀工芸、平成二四年
『神社本庁総合研究所紀要第十九号　自然環境に対する神道教学の可能性』神社本庁総合研究所、平成二六年

■著者略歴
鈴木 啓輔（すずき けいすけ）
昭和47年　日本大学大学院理工学研究科修了
ソニー学園湘北短期大学教授、理事等を歴任。工学博士
現在、全国教育関係神職協議会常任理事
白幡天神社宮司（市川市菅野1-15-2）

＜主要著書＞
『環境科学』（三共出版、1980年）
『エネルギーとその資源』（三共出版、1982年）
『資源と化学』（三共出版、1992年）
『わかる環境化学』（三共出版、2012年）
『房総の伊勢信仰』（共著、雄山閣、2013年）

2015年12月25日　初版発行　《検印省略》

自然《しぜん》と神《かみ》そして日本《にほん》の心《こころ》

著　者　鈴木啓輔
発行者　宮田哲男
発行所　株式会社 雄山閣
〒102-0071　東京都千代田区富士見2-6-9
TEL　03-3262-3231 / FAX　03-3262-6938
URL　http://www.yuzankaku.co.jp
e-mail　info@yuzankaku.co.jp
振　替：00130-5-1685
印刷・製本　株式会社ティーケー出版印刷

ISBN978-4-639-02399-9 C0014
N.D.C.171　128p　20cm